설렘 한 스푼,
독일 크리스마스 마켓

5일 간의 독일 뉘른베르크, 드레스덴 겨울 여행 일기

설렘 한 스푼, 독일 크리스마스 마켓

글·사진 **스텔라**

harmonybook

프롤로그

"지금이 아니면 또 언제 가겠어요?"

점심시간에 회사 동료가 던진 한 마디에 갈대처럼 마음이 휘둘려, 그대로 사무실로 돌아오자마자 냅다 항공권과 호텔 숙박비를 결제한 것이 8월 초. 그 이후로 5개월 동안 설레는 마음으로 퇴근 후에 집 근처 도서관에서 여행책을 빌려 읽고, 주말에는 구글링을 하며 독일에 푹 빠져 지냈으니, 이번 여행은 사실 저에게는 5일이 아니라 5개월짜리였다고도 할 수 있습니다.

처음 시작은 분명히 가벼운 마음이었습니다. 그냥 연말에 푹 쉬다 오자는 생각뿐이었는데, 심심할 때 잠깐씩 검색하다 보니 괜찮아 보이는 곳들이 눈에 띄고, 기왕 이렇게 찾은 김에 좋은 자리 미리 선점하자는 생각으로 예약을 하게되고, 동선을 머릿속으로 그리다 보니 순서를 잘 맞춰서 효율적으로 움직이면 좋겠다 싶어 이런 내용들을 조금씩 정리하다 보니, 어느새 328행짜리 엑셀 파일이 완성되어 있더군요.

그렇게 두툼한 인쇄물 뭉치와 지퍼를 닫기 힘들만큼 가득 찬 캐리어를 들고 출발했지만, 항공편 문제로 현지에는 양손 가볍게 도착하게 되었습니다. 책을 읽다 보면 눈치채실지도 모르지만, 여행 기간 대비 방문한 곳도 많지 않았습니다. 그럼에도 불구하고 낯선 도시와 천천히 가까워지는 것 자체로 즐거운 시간이었습니다.

이렇듯, 계획을 세우는 것도, 실제로 현지에서 여행하는 것도 재미가 있다는 것은 원래 알고 있었지만, 여행 후의 재미에도 이렇게 몇 달 동안 빠져 지낼 수 있다는 것은 이번에 처음으로 알게 되었습니다. 제 머릿속에 담아두고 싶어서 꼼꼼히 조사했던 내용들을 그냥 버리기 아까워, 어떻게 활용해 볼 방법이 없을까 하다가 이 책을 쓰게 되었는데요. 여행을 돌아보며 글을 쓰고 사진을 다시 들여다보며 또 그렇게 여행을 이어 나갔으니, 저는 어쩌면 5개월 그 이상의 긴 기간 동안 독일을 계속 여행 중인 셈입니다.

엑셀 파일처럼 이 책 또한, 누군가에게 보여주고 싶었다기보다는 제 기억을 어딘가에 잘 남겨두고 싶어서 시작한 작업이다 보니, 조사했던 객관적인 정보와 지극히 사적인 감상이 뒤섞여 있기도 합니다. 여행 가이드북처럼 보셔도 좋고, 누군가의 일기장을 들여다보듯 읽어 내려가셔도 좋겠습니다.

Contents

Lufthansa

den-Neustadt
1
2

1

13
Verengter Bahnsteigbereich
Hier kein Aufenthalt!
14

S2 Pirna
DB

DAY 1 - 12월 21일 수요일

중세로의 시간 여행, 뉘른베르크

Nürnberg

독일 중남부 바이에른Bayern주에 위치한 뉘른베르크 Nürnberg는 중세 시대의 모습을 간직하고 있는 아름다운 도시다. 도시 외곽 숲지 인근에 공항이 있지만, 이곳을 방문하는 여행객들은 주로 기차 편을 이용하는 편이며, 중앙역 건물 밖으로 나오자마자 보이는 커다란 원통형의 석조 요새와 함께 여행은 시작된다. 이후의 여정은 지도를 볼 필요

도, 대중교통편을 찾을 필요도 없이 그저 보이는 길을 따라 그대로 걷기만 하면 된다. 유럽의 다른 유명한 관광도시에 비해 여행자의 마음이 한결 가벼워지는 소박한 곳이다. 도보로 이동하며 여유롭게 구경해도 하루면 충분할 만큼 작고 오래된 이 도시는 12월 한 달만큼은 다른 어떤 유럽 도시보다 밝게 빛난다.

중앙역에서 출발해 요새가 있는 성벽 안으로 들어가면 좁은 골목을 사이에 두고 가게들이 줄지어 자리 잡고 있다. 수공예인 광장Handwerkerhof이다. 크리스마스 마켓이 열리는 강림절 기간에는 예쁜 조명으로 거리 곳곳을 장식한다. 광장이라는 말이 무색할 만큼 작은 곳이라 소규모 상점이 몇 개 있을 뿐이지만 나름대로 구경하는 재미가 있다. 유리나 나무로 만들어진 정교한 장식들이 특히 눈에 띄는데, 뉘른베르크는 오래전부터 수공업으로 유명한 곳이라고 하니 구매하지 않더라도 한 번쯤 둘러보는 것을 추천한다.

시내를 구경하기 전, 점심 식사를 위해 수공예인 광장에 위치한 작은 식당에 방문했다. 주인이 환한 미소로 우리를 환영해 주었고, 나와 친구는 뉘른베르크의 명물인 구운 소시지, 브랏부어스트Bratwurst를 주문했다. 독일 음식답게 조금 짜지만 맛있는 한 끼였다. 여러 종류의 소시지가 세트로 구성되어 나왔는데, 우리는 하나씩 맛볼 때마다 맛있다며 호들갑을 떨었다. 아침 일찍 일어나 기차를 4시간이나 탄 이후라 뭐든 잘 먹었겠지만, 적당하게 잘 익은 고기를 따뜻한 감자와 곁들여 먹으니, 비 내리는 쌀쌀한 날씨 탓에 차가워졌던 몸이 금세 풀리고 배가 든든해졌다. 맛은 괜찮은지, 더 필요한 건 없는지 식사 내내 우리를 챙겨주던 다정한 주인. 누군가의 취향이 묻어나는 소품들로 구석구석 장식된 작고 아늑한 공간. 훌륭한 소시지 한 접시. 완벽한 여행의 시작이었다.

Seifenkistel

식당을 나와 아치 문을 통과해 시내로 들어가면, 방금 전까지의 좁았던 길 끝에 널찍한 거리가 펼쳐져 있고 사이사이로 갈색 지붕의 건물들이 눈에 들어온다. 매년 12월이

면 이 넓은 거리 전체가 크리스마스 마켓을 위한 장소로 활용된다. 거리를 따라 사람들과 함께 걷다 보니 이제서야 크리스마스 여행임을 실감한다. 글뤼바인Glühwein, 렙쿠헨Lebkuchen, 산타와 루돌프 인형, 트리 오너먼트까지. 아이처럼 들뜬 마음으로 예쁜 부스들을 하나하나 구경해본다. 유럽의 수많은 크리스마스 마켓 중에서도 뉘른베르크의 마켓은 가장 오래된 마켓 중 하나로 알려져 있는데, 16세기 중반부터 시작되었다고 전해진다. 오랜 전통을 자랑하는 이곳의 마켓은 중세 풍의 도시 풍경과 어우러져 독특한 분위기를 자아내 매년 수많은 관광객을 불러 모으고 있다.

큰길을 따라 조금만 걸어가면 각진 두 개의 탑이 좌우로 대칭을 이룬 파사드를 볼 수 있다. 뉘른베르크 명소 중 하나인 성 로렌츠 교회St. Lorenzkirche로, 스페인 사제 로렌츠의 순교를 기념하기 위해 지어진 루터교 예배당이다. 고딕 양식의 이중 첨탑과 내부에 있는 거대한 오르간이 이 교회의 특징이다. 여행 기념품으로 곰인형을 사 모으는 나는 교회 근처의 슈타이프Steiff 매장에 들렀다. 독일의 수제 봉제 인형 브랜드 슈타이프는 '테디베어'라는 명칭이 유래된 곳으로도 알려져 있으며, 초창기 제품이나 한정판 인형은 소더비 경매에서 높은 가격에 거래될 만큼 많은 사람들에게 사랑받는 인형 브랜드다. 나 역시 귀여운 동물 인형들 사이에서 친구와 함께 한참 동안 진지하게 고민해야 했다. 딱 하나만 사야 한다고 몇 번이나 되뇌인 끝에 아이보리 색의 통통한 아기 곰 한 마리를 데려왔다.

거리로 나와 다시 인파를 따라 걷다 보면 페그니츠Pegnitz강을 가로지르는 작은 다리에 금방 도착한다. 마켓 시즌에는 다리 위에도 부스를 설치해 놓기 때문에 처음에는 다리를 건넌 줄도 몰랐다가 다시 되돌아왔다. 바로 여기, 박물관 다리Museumsbrücke 위에서만 감상할 수 있는 뉘른베르크의 명소가 있기 때문이다. 다리에 올라 동쪽을 바라보면 강 위에 세워진 오래된 건축물을 볼 수 있는데, 신성로마제국 시기에 건립되어 현재까지 양로원 겸 병원으로 이용되고 있는 성령 양로원Heilig-Geist-Spital이다. 천천히 흐르는 강물과 커다란 갈색 지붕의 건물, 그 옆에 위치한 큰 나무가 어우러져 시간이 멈춘 듯 차분해진다.

다리를 건너면 또다시 마켓이 있다. 부스 구경도 좋지만 크리스마스 마켓은 밤에 더 아름다우니 낮에는 다른 곳을

더 둘러보기로 한다. 1년 내내 크리스마스 시즌인 상점 두 곳이 짝꿍처럼 가까이 있는데, 크리스마스 소품점 케테볼파르트Käthe Wohlfahrt와 진저브레드 베이커리인 렙쿠헨 슈미츠Lebkuchen Schmidt이다. 로텐부르크에 본점을 둔 케테볼파르트는 크리스마스 오너먼트와 장난감을 상시 판매하는 곳이다. 뉘른베르크 지점은 작은 규모지만, 내부에는 섬세하게 만들어진 장식품들이 진열대를 가득 채우고 있어 손님들을 한참 머무르게 만든다. 야외의 부스에서도 비슷한 것들을 찾을 수 있지만, 조금 더 품질이 좋은 상품을 찾는다면 이곳이 정답이다. 같은 구역에 있는 슈미츠 역시 독일 여러 곳에 지점을 둔 유명 제과점인데 크리스마스 쿠키인 렙쿠헨이 주력 상품이다. 뉘른베르크의 렙쿠헨은 특히 유명하다고 하여, 내가 먹을 것과 선물용 세트를 하나씩 구매했다.

사실 이때까지만 해도 크리스마스 색이 짙은 이런 상점들이 겨울을 제외한 시즌에 얼마나 장사가 될까 싶었지만, 하루하루 지날수록 그 의문은 점차 해소되었다. 어느 건물이든 창문가마다 작은 캔들 아치 모형이나 별 조명 장식 하나쯤은 놓여있을 만큼 독일인들은 '크리스마스에 진심'이었다. 여행 기간 내내 시선이 닿는 곳 어디서든 여러 가지 형태의 크리스마스를 만날 수 있었고, 그때마다 무뚝뚝한 독일인들의 마음속에 남아있는 아이 같은 모습을 보게 되었다. 알록달록한 소품으로 공간을 장식하는 설렘, 추운 겨울에 따뜻한 글뤼바인과 함께 렙쿠헨을 맛보며 크리스마스를 기다리는 두근거림을 상상해 본다.

상점 거리는 중앙 광장으로 이어져있다. 뉘른베르크의 명소들과 함께 크리스마스 부스들이 눈에 띈다. 먼저 발이 닿은 곳은 성모 교회Frauenkirche. 뉘른베르크의 랜드마크라고 할 수 있는 곳으로, 후술할 크리스트킨트Christkind가 크리스마스 마켓의 개막을 알리는 행사를 진행하는 곳이기도 하다. 정오마다 건물 외벽에 있는 멘라인라우펜

Männleinlaufen이라는 자동 시계에서 황제의 금인칙서 발표를 기념하는 기계 인형극을 볼 수 있다고 하는데, 아쉽게도 일정상 조금 늦은 시간에 이곳에 도착할 수밖에 없었기에 관람은 하지 못했다.

광장에서 또 하나 눈에 띄는 것은 황금색의 화려한 수직 구조물, 쇠너 브루넨Schöner Brunnen이다. 직역하면 '아름다운 분수'라는 뜻인데, 실제로 물이 흐르지는 않고 섬세한 조각상들이 그 자리를 대신하고 있다. 로마의 트레비 분수Fontana di Trevi처럼 이 분수에도 속설이 하나 있는데, 펜스에 달린 황금 고리를 한 번 돌리면 소원을 세 개나 이루어준다고 한다. 아니나 다를까 이미 여러 사람의 손길에 반질반질해진 고리를 나도 한 번 만지작거려본다.

북쪽으로 고개를 돌리면 낯익은 모습의 커다란 건축물을 볼 수 있다. 성 제발두스 교회St. Sebalduskirche다. 뉘른베르크 초입에서 보았던 성 로렌츠 교회와 쌍둥이처럼 닮은 모습이다. 성 로렌츠 교회가 이 교회를 모델 삼아 지어졌기 때문에 두 건물의 외관이 유사하다. '캐논'으로 우리에게 익숙한 파헬벨이 이 교회에서 오르간 연주자로 근무했고, 바로 옆 골드니스 포스트혼Goldenes Posthorn이라는 식당에서는 바그너가 오페라를 작곡했다고 한다. 조그만 이 도시는 이처럼 예술가들에게 사랑받는 곳이었다고 하는데, 천

천히 거리를 걷다 보면 그 마음을 알 것 같기도 하다. 처음 방문한 곳임에도 불구하고, 오래전에 살던 마을에 다시 온 것처럼 마음이 편안해진다. 크리스마스 마켓을 구경하러 수많은 여행객들이 모여 있는 시즌인데도, 어쩐지 차분하고 한적한 분위기를 느낄 수 있다. 어쩌면 예술가들도 뉘른베르크의 이런 묘한 매력을 사랑하지 않았을까.

이런저런 생각을 하며 얕은 언덕길을 오른다. 이슬비가 내리다 그치기를 반복하던 날씨가 어느새 맑게 개어, 햇살

이 눈부시게 빛난다. 뉘른베르크의 카이저 성Kaiserburg에 도착했다. 적의 침입을 방어하기 위한 목적으로 지어진 요새 형태의 성이기 때문에, 군주의 권위를 과시하기 위한 화려한 궁전들과는 사뭇 다른 수수한 모습이다. 규모도 크지 않고 성채 내부 또한 시내의 다른 건축물들과 크게 다르지 않은 모습이지만, 지대가 높아 이곳에서 시내의 전망을 한눈에 담을 수 있다.

이미 많은 여행객들이 도시 경관을 배경으로 사진을 찍고 있었는데, 우리처럼 여자들끼리 모인 그룹에서 사진 촬영을 부탁해왔다. 내가 찍어준 사진으로 다른 사람의 프로필 사진이 바뀌었을 때 무한한 뿌듯함을 느끼는 한국인으로서 최선을 다해 임무를 수행했다. 배경이 잘 보이게 멀리서 찰칵, 인물을 중심으로 가까이에서 찰칵, 다리가 길어 보이게 로우 앵글로 찰칵, 열심히 찍는 나를 보고 웃음 터진 고객님들의 자연스러운 표정도 놓치지 않고 찰칵.

카이저 성 이후부터의 여정은 지금까지 왔던 길을 다시 되돌아가는 과정이다. 성을 기점으로 한 바퀴 돌아 다시 중앙역으로 향하는 셈인데, 약간 다른 길로 가보기로 했다. 서쪽 길로 내려오자마자 뒤러 미술관Albrecht Dürer's House을 볼 수 있다. 르네상스 시기에 활동한 독일 화가 알브레히트 뒤러가 실제 거주했던 주택인데, 현재는 그의 작품을 전시한 미술관으로 쓰이고 있다. 전시된 작품은 대부분 모작이지만, 작품뿐만 아니라 판화 제작을 위한 작업실도 재현해 두었고, 관람에 오랜 시간이 걸리지 않기 때문에 당일치기 여행객도 방문해 볼 만하다.

뒤러 미술관을 나와 길을 따라 쭉 걸어 내려가 바이스게르버 거리Weißgerbergasse에 진입한다. 색색의 건물들이 모여있는 작고 아름다운 중세 풍의 골목이다. 목조 프레임을 외벽에 노출시킨 중세 유럽의 건축 양식을 '하프 팀버Half timber'라고 하는데, 뉘른베르크 시내의 다른 수많은 건물에서도 볼 수 있는 양식이지만, 이 골목에서 그 아름다움이 더욱 두드러진다. 좁은 돌길을 사이에 두고, 수직으로 길게 솟은 알록달록한 하프 팀버 주택들이 줄지어 펼쳐진 이 거리는 한 마디로 표현하면 '동화 속 장난감 나라'. 때마침 다른 여행객을 태우고 시내를 투어하는 마차가 이곳을 지나가며 동화 같은 분위기를 더했다. 아쉬운 점이 하나 있다면 길이 정말 짧다는 점인데, 골목에 진입하고 잠시 후면, "벌써 끝이야?" 하면서 왔던 길을 되돌아보게 된다.

하행 길 한편에 있는 디저트 가게에 들러 테이크아웃으로 마카롱을 하나씩 사서 입에 물고 다시 강가로 향했다. 점심 식사 이후 하루 종일 걸어 다닌 탓에 약간의 피곤함

Museum
für
wünscht Frohe

이 느껴져, 카페에서 잠시 쉬기로 했다. 방문한 곳은 카페 겸 와인바 디 시모Di Simo. 페그니츠강 위의 작은 섬에 위치한 곳이다. 운 좋게도 큰 창가 앞 좌석이 비어있어, 강을 바라보며 한동안 따뜻하게 쉴 수 있었다. 분위기 좋은 카페에서 제일 좋은 자리를 잡았다며 친구와 둘이 행복해했다. 사실은 독일에 도착하기까지 비행 편 캔슬과 수하물 지연으로 여러 차례 고생을 했었는데, 그 과정들이 모두 액땜이 되었던 건지 이후의 여행은 신기할 만큼 순조롭게 진행되었고 친절한 사람들만 만났다. 이 카페에서 사소한 행운을 하나 만난 것처럼.

카페에서 에너지를 충전하고 나오니 어느덧 저녁. 햇살이 조금 약해진 듯했던 하늘은 한 발 한 발 걸어갈 때마다 어둑해져 가더니, 시내 초입의 큰 거리에 도착할 때쯤에는 이미 깜깜해져 있었다. 이제 조명에 불이 켜지고 크리스마스 마켓이 가장 아름다울 시간. 따로 시간을 내서 어딘가에

들를 필요 없이 큰 길이라면 어디든 부스들이 펼쳐져 있다. 빨간색 천막으로 장식한 부스들을 하나씩 구경해 본다.

크리스마스 마켓에서는 장식품, 인형, 스낵 등 다양한 것들을 판매하지만 시그니처 상품은 역시 글뤼바인이다. 프랑스에서는 뱅쇼Vin chaud, 영미권에서는 멀드와인Mulled wine이라 부르는데, 레드와인에 향신료를 넣어 끓인 것이다. 나라마다 도시마다 약간의 레시피 차이는 있지만 대체로 비슷하다. 몸에 열을 내기 때문에, 추운 겨울에 야외에서 관광해야 하는 크리스마스 마켓 구경에 적합한 음료다. 우리는 저녁에 다시 돌아갈 길이 멀어 와인은 마시지 못했고, 대신 머그컵만 하나씩 구매했다. 크리스마스 마켓마다 기념 머그컵이 있는데, 마켓 부스에서 글뤼바인이나 킨더펀치Kinderpunsch 등의 음료를 주문하면 음료 값에 컵 보증금을 더해 계산한 후, 음료를 이 머그컵에 담아준다. 음료를 다 마신 후 기념으로 머그컵을 가져가도 좋고, 원하지 않는다면 반납해서 보증금을 돌려받을 수 있다.

부스 투어를 어느 정도 했다면, 고개를 들어 공중에 있는 조명 장식을 눈여겨보자. 왕관을 쓴 여인이 발끝까지 내

려오는 긴 소매의 옷을 입고 두 팔을 활짝 펼치고 있다. 눈썰미가 좋은 여행자라면, 뉘른베르크를 여행하는 동안 비슷한 모양의 장식이나 그림을 이미 많이 발견했을 것이다. 뉘른베르크의 크리스마스 마켓을 상징하는 '크리스트킨트'다. 뉘른베르크 크리스마스 마켓의 정식 명칭이 'Christkindlesmarkt'인 이유이기도 하다. 크리스마스 마켓 명소들은 저마다의 특색을 하나씩 갖고 있는데, 뉘른베르크의 경우 렙쿠헨과 크리스트킨트, 빛의 행렬Lichterzug이 바로 그 특색이라고 할 수 있다.

크리스트킨트는 우리말로 '크리스마스의 아이'라는 뜻이다. 뉘른베르크에서는 2년에 한 번씩 10대 후반의 여자아이들 중 한 명을 선발하여 크리스마스 마켓을 상징하는 대표자 역할을 부여한다고 한다. 뽑힌 여학생은 머리부터 발끝까지 금색으로 치장하고, 크리스마스 마켓 기간 동안 뉘른베르크의 홍보대사가 된다. 크리스트킨트가 된다는 것이

이 동네 사람들에게 어느 정도의 의미인지는 알 수 없지만, 외부인의 시각에서는 재미있는 전통으로 비춰진다.

또 하나의 전통은 빛의 행렬. 뉘른베르크 아이들이 전등을 손에 들고 중앙 광장에서 카이저 성까지 행진하는 이벤트인데, 참가하는 인원수가 적게는 1천여 명에서 많게는 2천여 명에 달한다고 한다. 마켓 기간 중 단 하루만 진행하는 행사이므로, 이 행렬을 보고 싶다면 미리 공지를 확인하고 여행 일정을 맞춰야 한다. 아쉽게도 나의 일정과는 맞지 않아 이 행사는 볼 수 없었지만, 상상만으로도 장관일 것을 짐작할 수 있다.

크리스마스 마켓이 전 세계 사람들에게 널리 알려지면서, 이제는 유럽뿐만 아니라 다른 여행지에서도, 심지어 대형 쇼핑몰에서도 볼 수 있는 꽤 흔한 행사가 되었지만, 그럼에도 불구하고 사람들이 이 작은 마을을 찾는 이유가 바로 여기에 있지 않을까. 이곳을 여행하면서, 크리스마스 마켓은 단순히 음식과 장신구를 판매하는 부스 행사가 아니라 거주민들이 함께 참여하고 지켜나가는 소중한 문화유산이라는 점을 이해할 수 있었다. 수 세기 전에 시작된 이 전통을 오늘날까지 유지해 오면서도 이곳만의 색깔을 더했고, 모두가 즐기는 마을 행사가 될 수 있도록 지금도 노력하고 있을 것이다. 한 달이라는 짧지 않은 기간 동안 이 정도 규모의 여행객을 모을 수 있는 대형 행사라면, 상업적인 활용 가치도 충분할 것이다. 하지만 마켓을 구경하는 동안 특정 브랜드나 회사가 두드러지는 곳은 찾을 수 없었다. 오히려 도시 내 작은 소상공인들의 부스가 주를 이루었다. 오래된 전통을 존중하며 지켜나가는 이곳의 문화를 엿볼 수 있었다.

옷깃을 여미게 되는 쌀쌀한 날씨에도 불구하고, 판매하는 상인도 구경하는 여행객도 부스가 열리는 이 거리를 떠나지 못하는 겨울밤. 보물찾기하듯, 보이는 부스마다 가까이 다가가 가판대에 놓인 반짝반짝한 상품들을 구경하다 보면 어느새 거리의 끝자락에 도착한다. 대로를 빠져나와 다시 수공예인 광장을 통해 성벽 밖으로 나오면, 중세에서 현대로 시간 여행을 한 듯 풍경이 바뀐다. 꿈을 꾼 듯한 기분으로 기차에 오른다.

Travel Log

TOUR

뉘른베르크 중앙역 Nürnberg Hauptbahnhof
Bahnhofspl. 9, 90443

프라우엔토어 탑 & 쾨니히문 Frauentorturm & Königstor
Königstraße 2, 90402

수공예인 광장 Handwerkerhof Nürnberg
Königstraße 82, 90402

성 로렌츠 교회 St. Lorenzkirche
Lorenzer Pl. 1, 90403

박물관 다리 Museumsbrücke
90403

성령 양로원 Heilig-Geist-Spital
Spitalgasse 16, 90403

중앙 시장 광장 Nürnberger Hauptmarkt
Hauptmarkt, 90403

성모 교회 Frauenkirche
Hauptmarkt 14, 90403

쇠너 브루넨 Schöner Brunnen
Hauptmarkt, 90403

성 제발트 교회 St. Sebalduskirche
Winklerstraße 26, 90403

카이저 성 Kaiserburg Nürnberg
Burg 17, 90403

뒤러 미술관 Albrecht Dürer's House
Albrecht-Dürer-Straße 39, 90403

바이스게르버 거리 Weißgerbergasse
90403

칼스 다리 Karlsbrücke
Karlsbrücke, 90403

EAT

브랏부어스트 글로클라인 Restaurant Bratwurstglöcklein im Handwerkerhof
Waffenhof 5, 90402

타펠지아 Tafelzier
Weintraubengasse 2, 90403

디 시모 Di Simo - caffè e vini
Trödelmarkt 5-7, 90403

SHOP

슈타이프 샵 Steiff Shop Nürnberg
Kaiserstraße 1-9, 90403

케테볼파르트 Käthe Wohlfahrt - Nürnberg
Plobenhofstraße 4, 90403

렙쿠헨 슈미츠 Lebkuchen-Schmidt
Plobenhofstraße 6, 90403

Elisen
Lebkuchen

MANNLA
10.– EURO
STÜCK

Heidelbeer
GLÜHWEIN

NÜRNBERG
ALTSTADT

DAY 2 - 12월 22일 목요일

엘베강의 피렌체, 아름다운 드레스덴

Dresden

둘째 날부터는 쭉 드레스덴Dresden과 그 근교를 여행했다. 드레스덴은 독일 동부에 있는 작센Sachsen주의 주도로, 박물관과 미술관이 많고 매년 5월마다 대규모의 음악제를 개최하여, 독일 내에서는 문화 예술의 도시로 알려진 곳이다. 도시는 엘베Elbe강을 기준으로 남쪽의 구시가지와 북쪽의 신시가지로 크게 구분할 수 있는데, 여행객들이 주로 방문하는 곳은 작센 왕국의 유산으로 가득해 엘베강의 피렌체Elbflorenz라 불리는 구시가지. 피렌체와 이곳을 모두 방문해 본 사람이라면 아마 공감하지 않을까. 도시 권력자의 전폭적인 지지를 받아 문화 예술이 아름답게 꽃피운 작은 도시, 드레스덴과 피렌체는 여행자가 그 역사를 모르고 구경하더라도 비슷한 분위기를 금방 느낄 수 있을 것이다. 아우구스투스 다리Augustusbrücke를 건너면 펼쳐지는 신시가지는 여행객보다는 현지인들이 주로 찾는 곳이다. 랜드마크라고 할 만한 곳은 없지만 독특한 감성의 개성적인 상점을 구경할 수 있다. 분위기 좋은 식당이나 카페도 여럿 발견할 수 있다.

뉘른베르크와 마찬가지로, 드레스덴 역시 아름다운 크리스마스 마켓으로 독일뿐만 아니라 유럽 전역에서 매년 수많은 방문객을 모으는 도시 중 하나다. 또 하나의 공통점은 대부분의 여행자들이 당일치기로 주로 찾는 곳이라는 점. 드레스덴은 체코 국경과 인접해있어, 프라하를 거점으로 여행하는 사람들이 주로 하루를 할애하여 방문하곤 한다. 나는 조금 더 여유를 갖고 둘러보고 싶었기에 드레스덴에 숙소를 잡고 여러 날을 천천히 돌아보았는데, 지금까지도 좋은 선택이었다고 생각한다.

크리스마스 마켓을 구경하기 위해서는 추운 날씨에 오랜 시간 동안 야외에 있어야 한다. 뿐만 아니라 겨울이라 해가 짧아 실제로 도시를 제대로 구경할 수 있는 시간은 하루에 6시간 남짓이기 때문에, 많은 일정을 한꺼번에 소화하기 어렵다. 계절 탓도 있지만 휴가 중에 숨 가쁘게 움직이고 싶지 않기도 했다. 그러면서도 보고 싶은 것은 다 봐야겠어서 한곳에 오래 머무를 수밖에 없었다. 원했던 대로 아주 게으른 여행이었다. 해가 중천에 뜨면 그제서야 느릿느릿 일어나서 준비하기. 천천히 걷고 느긋하게 구경하며 사진 찍다가 추워지면 언제든 식당이나 카페 들어가기. 일단 들어가면 아무리 짧아도 1시간은 퍼져있기. 자질구레한 크리스마스 기념품 잔뜩 사기. 예쁜 것만 보고 맛있는 것만 먹기. 구글 리뷰를 미리 확인해 종업원이 친절하다는 가게만 골라서 방문하기. 어두워지면 얼른 호텔에 들어가서 따뜻한 물로 씻고 침대에 파묻히기.

숙소는 중앙역 근처였고 시내 관광지는 모두 숙소를 기준으로 북쪽에 있었기 때문에, 쇼핑센터가 즐비한 프라하 거리Prager Straße를 따라 걷는 것이 이날부터 매일의 하루를 시작하는 루틴이 되었다. 크리스마스 마켓 기간 동안은 이 대로변에도 부스가 들어선다. 마켓 부스들은 아침부터 영업을 하기 때문에 바로 구경해도 좋지만, 오전에는 아무래도 분위기가 나지 않는다. 어떤 부스들이 있는지만 확인하며 쓱 지나쳤다. 그대로 쭉 걸어 향한 곳은 레스토랑 겸

카페 코젤팔레Restaurant & Grand Café Coselpalais. 18세기에 주거용 궁전으로 지어져 코젤 백작이 소유하던 곳을 현재

는 레스토랑 겸 카페로 활용하고 있다. 무슨 말이냐면 아주 예쁜 식당이라는 뜻이다. 건물 외관은 독일의 커트러리 브랜드 빌레로이앤보흐Villeroy & Boch의 아우든 컬렉션이 떠오르는 노란색과 하얀색. 내부 인테리어는 앤틱한 분위기에 크리스마스 무드를 더했고, 판매하는 케이크와 파르페

까지 예쁨 가득한 이곳. 우리는 오늘부터 제대로 공주님 놀이에 빠질 생각이라 백작님 댁에서 브런치 타임을 갖기로 했다.

샹들리에가 걸린 고풍스러운 식당 안에는 크리스마스 리스가 이곳저곳에 걸려있고, 호두까기 장난감 병정도 눈에 띈다. 내가 선택한 메뉴는 슈니첼Schnitzel. 먹음직스럽게 잘 튀겨진 고기와 새콤한 절임의 궁합이 나쁘지 않았다. 배가 고팠던 터라 식사는 금방 마쳤지만, 안락한 이 공간을 바로 떠나기가 아쉬웠다. 조금 더 머무르고 싶은 마음에 커피까지 여기서 바로 마시기로 하고, 홀랜드식 커피 두 잔과 드레스덴식 케이크 한 조각을 주문했다. 크림이 올라간 커피 자체는 맛있었지만, 취향껏 타서 마시도록 같이 준 작은 음료가 술인 줄 모르고 다 넣었더니, 알콜 향이 너무 강해서 음

료는 절반 이상 남기게 되었다. 드레스덴식 케이크 역시 무엇인지도 모르고 그냥 메뉴 이름만 보고 주문했는데 이쪽은 성공이다. 화려한 장식은 없고 집에서 만든 케이크처럼 수수하게 생겼지만, 계란 맛이 물씬 나는 푹신하고 달콤한 디저트였다.

식사를 마친 후 본격적으로 시내를 구경하기로 했다. 이 도시의 랜드마크 중 하나인 성모 교회Frauenkirche가 바로 앞에 있다. 전날 여행한 뉘른베르크에도 성모 교회가 있었는데, 여기 드레스덴에도 같은 이름의 교회가 있고, 뮌헨에도 하나 더 있다. 드레스덴 성모 교회는 거대한 석조 돔이 트레이드마크다. 건물 외벽의 높이와 그 위에 얹어진 돔 높이의 비율이 1:1에 가까울 만큼 커다랗고 둥근 돔이 건물의 전체적인 인상을 부드럽게 만들어준다. 온화한 얼굴로 모든 것을 품어줄 것만 같은 성모를 떠올리게 한다.

지금의 성모 교회는 사실 비교적 최근에 지어진 것이다. 2차 대전 당시 완전히 소실되어 파편만 남아있던 것을 2005년에 재건하여 현재의 모습을 갖추게 되었다고 한다. 그 증거로 당시의 건물 파편 중 하나를 교회 앞에 전시해두었다. 커다란 돌덩이가 넓은 거리 한복판에 우두커니 서서, 아픈 역사가 다시는 반복되지 말아야 한다는 평화의 메시지를 전하고 있다.

드레스덴에는 사실 이런 곳이 정말 많다. 1945년 2월, 연합군의 드레스덴 공습으로 인해 도시 전체가 치명적인 피해를 입었기 때문이다. 수많은 사상자가 발생했고, 도시 내 여러 문화유산도 불타버렸다. 현재 우리가 볼 수 있는 관광 명소들 중에서도 현대에 들어와 재건 혹은 보수된 곳이 많고, 아직까지 복구되지 못한 유산들도 있다고 한다. 공습 희생자를 기리는 공동묘지 비석에는 이 당시의 상황을 '인간이 만든 불지옥'이라 칭하고 있다.

새삼 뉘른베르크가 떠오른다. 앞서 서술하지는 않았지만, 뉘른베르크는 2차 대전 당시 나치의 주요 선전 무대 중 하나였다. 나치 전당대회가 매년 개최된 곳이자, 인종차별법이 통과된 곳이며, 패전 후에는 전범 재판이 열린 곳이기도 하다. 뉘른베르크는 가해자의 모습을, 드레스덴은 피해자의 모습을 하고 있는 셈이다. 연말의 축제 분위기를 즐기러 간 여행이기 때문에 전쟁과 관련한 역사적 장소들은 일정에 포함하지 않았지만, 도시에 남아있는 흔적들은 크리스마스 장식으로도 가려지지 않은 채 이곳저곳에서 그 모습을 드러내고 있었다.

성모 교회를 뒤로하고 날이 밝을 때 도시 구경을 조금 더 해두기로 했다. 그다음 찾아간 곳은 군주의 행렬Fürstenzug과 그 벽 너머의 스톨호프Stallhof. 군주의 행렬은 작센을 통치한 베틴Wettin 가문의 800주년을 기념하기 위해 만들어진 벽화다. 역대 작센 통치자들의 기마행렬이 그려져 있는데, 가까이 다가가면 일정한 크기의 타일들이 벽을 빼곡히 채우고 있고, 노란빛의 그림은 그 타일들 위에 새겨진 것임을 볼 수 있다. 본래는 석조 외벽에 바로 그려졌으나, 손상 문제로 1904년에 마이센Meissen 도자기 타일에 그림을 다시 그려 벽에 부착하는 방식으로 재설치된 것이라고 한다.

벽화의 총 길이는 102미터에, 사용된 도자기 타일 개수는 무려 2만 3천 개. 세계에서 가장 큰 도자기 벽화라고 하는데, 그만큼 한눈에 담기도 어렵고 사진을 찍기도 쉽지 않다.

벽 반대편에는 왕실의 마구간으로 지어진 넓은 마당, 스톨호프가 있다. 높고 넓은 아치형 구조물을 보면 말이 오가던 곳이라는 것을 바로 이해할 수 있다. 과거에는 마상시합을 위한 경기장으로 활용되었으나, 현재는 시민들을 위한 행사 장소로 자주 이용된다. 그렇다. 여기에도 크리스마스 마켓이 있다.

대로변을 따라 여유 있는 간격으로 부스들이 쭉 늘어선 뉘른베르크 마켓과는 달리, 드레스덴의 마켓은 몇 개의 정해진 스팟에서 열리고 부스들도 오밀조밀하게 모여있다. 또 하나 재미있는 점은 각 스팟마다 테마가 조금씩 다르다는 점. 가장 화려하고 큰 마켓은 구시장Altmarkt 광장이지만, 아침에 지나쳐 온 프라하 거리도 스팟 중 하나이며, 바로 이곳 스톨호프도 그렇다. 모든 스팟을 다 구경하기는 어렵겠지만, 구시장 광장과 스톨호프만큼은 놓치지 말아야 한다.

스톨호프는 드레스덴 내 여러 마켓 스팟 중에서도 '중세 시대'라는 독특한 테마를 자랑한다. 뉘른베르크에서 이런 마켓을 왜 하지 않는지 내가 다 아쉬울 만큼, 도시 분위기로만 보자면 뉘른베르크에 더 잘 어울리는 테마지만, 어쨌든 드레스덴에서는 아주 잘 꾸며놓고 매년 이곳에서 중세

분위기의 크리스마스 마켓을 열고 있다. 판매하는 상품부터 이색적이다. 천이나 나무로 만들어진 투박한 가랜드, 원석으로 만든 장신구, 심지어 동물 털 가죽이나 이빨로 만든 용도를 알 수 없는 상품들까지 있다. 솔직히 말하자면, '이런 것들을 누가 살까?', '부스 운영비나 건질 수 있을까?' 싶긴 하지만, 부스를 운영하는 오너가 아닌 관람객의 입장에서는 흥미로운 구경거리라면 얼마든지 환영이다. 송곳니 목걸이는 원하지 않지만 여기에서 뭔가 소비를 해보고 싶다면, 물건보다는 서비스 쪽이 나을 수 있다. 운세를 봐주는 언니도 있고, 인물화를 그려주는 할아버지도 있다.

친구와 나는 점집 앞에 섰다. 중세 마켓에서 가장 협소한 부스지만, 집시 분위기 제대로 잡고 영업 중이었다. 슬쩍 들여다본 부스 내부에는 해골 모양 장식과 점술용 구슬, 드림캐쳐 등의 오컬트 소품으로 가득. 물어보고 싶은 것이 딱히 떠오르지는 않았지만, 소설 속에서나 보던 '유럽 점쟁이'의 모습에 흥미가 가지 않을 수 없었다. 순서를 기다리며 부스 밖에 놓아둔 팻말을 보니, 점쟁이 언니는 영어, 독일어, 프랑스어까지 총 3개 국어로 점괘를 해석해 줄 수 있다고 한다. 외국인 손님들이 많이 오는 크리스마스 마켓에서는 점쟁이도 3개 국어쯤은 프리토킹이 가능해야 하나보다. 점을 치는 방법도 가지가지. 타로카드, 점성술, 수비학을 포함하여 여러 가지 종류의 점을 볼 수 있다고. 대기 시간이 긴 것 같아 실제로 운세를 보지는 않고 다른 곳으로 금방 이동했지만, 재주 많은 언니가 중세 마켓에 딱 어울리는 부스를 열었다고 생각했다.

중세 마켓에서 또 하나 눈여겨볼 것은 가격표다. '탈러Thaler'라는 통화로 금액을 표시해 두었다. '달러Dollar' 명칭의 유래가 된 통화인데, 오래전 유럽에서 널리 통용되던 은화의 단위다. 중세 마켓은 통화 단위까지도 중세로 회귀한 것이다. 환율은 유로와 1:1이므로 계산은 어려울 것 없다.

아직 크리스마스 마켓 분위기가 덜 무르익은 대낮에도 정신없이 복작복작한 스톨호프에서 빠져나와 조용한 성당으로 향했다. 마켓 바로 근처에 작센주에서 가장 큰 규모를 자랑하는 가톨릭 궁정 대성당Katholische Hofkirche이 있다. 이름에서 알 수 있듯이 작센 왕국 당시 왕실 궁정의 교회였던 곳이며, 성당의 지하실에는 작센 왕국을 통치했던 베틴 가문의 석관 49개가 현재까지도 안치되어 있다. 지금은 드레스덴 대성당, 성삼위일체 대성당Kathedrale Sanctissimae Trinitatis이라는 명칭으로도 불린다.

외관을 둘러보면 높이 솟은 탑과 함께 거뭇거뭇한 외벽을 볼 수 있다. 2차 대전 당시 폭격으로 인해 불에 탄 흔적이다. 문을 열고 내부로 들어가면 성당 특유의 약간 서늘한 공기가 뺨을 스친다. 높이 솟은 백색의 기둥들은 예배자에게 신을 경외하라고 말하는 듯하고, 그 기둥 위에 걸린 창문을 통해 내부로 들어오는 빛은 아래로 쏟아지며 마치 하늘에서 신의 은총이 내리듯 성스러운 분위기를 자아낸다. 십자가가 걸린 중앙의 붉은 제단을 향해 일렬로 늘어선 좌

석들 사이를 걸어 앞으로 나아갔다. 거대한 성화와 조각, 촛대로 장식된 제단에는 크리스마스트리도 놓여있다. "뒤를 돌아봐" 하는 친구의 말에 걸어온 반대 방향을 돌아보니, 커다란 파이프오르간이 눈에 들어온다.

이 교회에서 또 하나 눈여겨볼 것은 강단의 조각이다. 정교한 흰색 조각품에 금빛 장식이 더해져 아름다운 이 강단은 18세기경 드레스덴에서 활동한 독일의 조각가 발타자르 페르모저의 작품이다. 바로 이어 서술할 드레스덴의 관광명소, 츠빙거Zwinger에서도 이 사람의 작품을 찾아볼 수 있다. 후기 바로크에서 로코코 양식으로 이어지는 작품 활동을 했다고 하는데, 예술 사조를 굳이 설명하지 않아도 이 강단의 조각이 대단히 장식적인 작품이라는 것은 누구나 알 수 있을 것이다. 조각가와 그 양식의 이름을 따서, 로코코 페르모저Rococo Permoser 강단이라 불린다고 한다.

옅은 그늘이 드리운 시각. 다음 행선지는 츠빙거. 이름이 독특해서 무슨 뜻인지 궁금했는데, 외측 성벽과 내측 성벽 사이의 공간을 일컫는 말이라고 한다. 현재에 쓰이는 표현은 아니고, 전쟁이 자주 발생하던 중세 시대에 적의 침입으로부터 성을 방어하기 위해 성벽을 여러 겹으로 두껍게 쌓았는데, 벽 사이 공간을 가리키기 위해 이러한 단어를 사용했다고 한다. 하지만 츠빙거에 막상 들어가 보면 또 다른 성벽이라고 할 만한 것이 없고, 츠빙거 밖에도 없기 때문에 사실 이름의 본래 의미와는 조금 다른 셈이긴 하다.

츠빙거의 입구이자 시그니처는 왕관의 문Kronentor이다. 수십 개의 아치가 일렬로 늘어서서 벽을 이루고 있고, 그 중앙에는 거대한 초록색 양파가 하늘 높이 솟아 있다. 진짜로 양파를 형상화한 것은 당연히 아니고, 왕관을 나타낸 것이다. 작센 선제후인 아우구스투스 2세가 폴란드 왕으로 즉위한 것을 기념하기 위해, 폴란드식 왕관 모양으로 돔을 만들고 4마리의 독수리를 장식해 넣었다고 한다. 본래는 이곳이 메인 게이트지만, 내가 방문했을 당시에는 내부 공사로 인해 다른 게이트로 출입해야 했다.

자, 이제 독일 바로크를 상징하는 건축물이자 드레스덴의 랜드마크, 츠빙거의 내부로 입장한다. 입구에서 보았던 왕관 모양의 돔도 화려하다고 생각했는데, 내부에 들어오니 더욱 웅장하면서도 장식적인 요소로 가득해, 여기저기를 구경하느라 눈과 고개가 바쁘다. 입구에 있는 계단에서만 한참 동안 포즈를 취하며 사진을 찍었다. 입구 근처의 계단에 올라 안뜰을 널리 바라보면, 식물 조경과 그 사이로 난 널찍한 통행로, 연못, 분수가 대칭을 이루는 모습을 볼 수 있다. 자연의 형태를 최대한 보존하는 동양의 정원과는 확연히 다른, 전형적인 유럽식의 정원이다. 인공적이지만 단정하게 정돈된 모습이다.

츠빙거는 아우구스투스 2세가 루이 14세의 베르사유 궁전Château de Versailles을 구경한 후 드레스덴에 돌아와서 지은 건축물인데, 베르사유를 벤치마킹했다는 점이 가장 잘 보이는 부분이 바로 이 정원이다. 베르사유만큼 화려하지는 않지만 대칭 구조의 조경이 많이 닮아있다. 강력한 권력을 꿈꾸던 아우구스투스 2세는 태양왕 루이 14세가 가진 절대 왕권을 부러워했다고 전해진다. 그는 업적과 권력을 과시하기 좋아하고 사치스러운 통치자였다고 알려지지

만, 덕분에 현재의 드레스덴에는 그의 흔적이 아주 많이 남아있다. 드레스덴에 있는 화려하고 웅장한 것들은 대부분 그가 만들었거나 지원한 것이라고들 말할 정도다. 츠빙거도 그러하다. 드레스덴을 여행하다 보면 작센 왕국과 왕국을 통치한 베틴 가문, 그리고 강건왕으로 알려진 아우구스투스 2세의 유산을 계속해서 만날 수 있다.

이슬비가 오다 그치다 하는 날씨 탓에 정원 바닥이 진흙이었고, 공사로 인해 통행이 어려운 곳도 많아서 정원을 제대로 구경하지 못한 점이 아쉽다. 봄과 여름에는 푸른 잔디 위 여기저기 꽃이 만발해 정말 예쁘다고 하니, 기회가 된다면 따뜻한 계절에 이곳에 한 번 더 방문할 수 있기를. 뿐만 아니라, 이미 날이 꽤 어두워져 우리는 구경하지 않았지만

츠빙거에는 전시관이 세 개나 있다. 성벽 안쪽 공간에는 앞서 언급했던 조각가 페르모저의 또 다른 작품인 '님프의 욕조Nymphenbad'라는 이름의 분수도 있으며, 왕관의 문 앞에서 이어지는 성벽 바깥쪽 공간에는 긴 호수와 산책로도 있다. 노을 지는 겨울 저녁의 츠빙거도 운치 있지만, 맑은 날에 온다면 더 많은 것들을 경험할 수 있을 것이다.

어둠이 내린 거리에는 가로등이 켜지고, 사람들의 발걸음이 빨라진다. 도시의 명소들을 관광하며 낮 시간을 보낸 후 드디어 찾아온 저녁. 이제 크리스마스 마켓을 구경할 시간이다. 드레스덴에서 가장 큰 마켓이 열리는 구시장 광장으로 향한다. 수백 개의 빛나는 조명들이 멀리서부터 우리 목적지의 위치를 알려주고 있다. 마켓의 입구에

는 커다란 반원 모양의 캔들 아치가 있고, 계단을 타고 아치 위로 올라가는 사람들도 볼 수 있다. 인형과 촛대로 아기자기하게 장식된 목조 아치에는 'Dresdener Striezelmarkt'라는 간판이 환하게 빛나고 있다. 뉘른베르크의 'Christkindlesmarkt'와 같은, 드레스덴 크리스마스 마켓만의 이름이다.

슈트리첼Striezel은 슈톨렌Stollen의 또 다른 표현이다. 슈톨렌은 독일의 전통 크리스마스 케이크인데, 낮은 원기둥 모양의 빵 위에 크림 데코레이션을 올린 익숙한 케이크 형태가 아니라, 그냥 하얀 반죽 덩어리처럼 생겼다. 말린 과일과 향신료, 마지팬을 넣어 빵을 굽고 그 위에 슈가 파우더를 뿌려 완성하는데, 12월 초쯤 만들어두고 크리스마스를 기다리며 한 달 내내 아주 얇게 조금씩 썰어먹는 것이 관습이라고 한다. 먹을 수 있는 어드벤트 캘린더라고나 할까. 어쨌거나, 뉘른베르크가 렙쿠헨으로 유명하다면, 드레스덴은 슈톨렌으로 널리 알려져 있다. 크리스마스 마켓 이름을 빵 이름으로 지을 만큼.

이름에 걸맞게 드레스덴 크리스마스 마켓에는 슈톨렌 축제Stollenfest라는 별도의 행사도 있다. 드레스덴 전통 방식으로 만든 대형 슈톨렌을 잘라서 나눠 먹는 이벤트라고 하는데, 뉘른베르크의 빛의 행렬처럼 마켓 기간 중 단 하루만 진행하는 이벤트라, 이것 역시 직접 경험하지는 못했다. 구글에서 이미지를 찾아보니 커다란 수레에 거대한 슈톨렌 한 덩이가 실려있고, 무려 10명의 스태프가 슈톨렌을 빙 둘러싸서 커팅하고 있는 모습을 볼 수 있었다.

입구를 지나 마켓에 입장해보니, 광장 안은 그야말로 크리스마스 세상이다. 반짝이는 작은 조명들이 모여 까만 하늘을 밝힌다. 사람들은 저마다 손에 간식거리를 하나씩 들고 있고, 아이들은 까르르 웃으며 뛰어다닌다. 가장 먼저 눈에 들어오는 것은 커다란 구조물들. 높이 솟은 거대한 크리스마스트리와 캔들 피라미드, 관람차가 광장 곳곳에 배치되어 있고, 조금 더 자세히 둘러보면 회전목마와 작은 기차, 인형 극장도 볼 수 있다. 뉘른베르크 마켓에서는 볼 수 없었던 어트랙션들이 이곳에는 많이 준비되어 있다. 여기

까지 왔는데 하나 정도는 타보지 않을 수 없다. 관람차는 전망을 감상하기 좋아서인지 줄이 너무 길고, 기차는 어린 이들만 탈 수 있다고 한다. 다행히 회전목마는 성인도 탑승 가능하다고 하여, 친구와 함께 탑승권 코인을 구매한 후 놀이 기구에 올랐다. 인기 많은 목마 자리는 꼬맹이들에게 양보하고 어른답게 얌전히 의자 좌석에 친구와 마주 앉아 바람을 쐬었다.

이제 마켓의 부스를 구경할 차례. 부스에서 판매하는 물품은 사실 뉘른베르크와 크게 다를 것이 없지만, 드레스덴 마켓 부스의 특징은 화려한 외관이다. 부스마다 간판과 가판대의 디자인이 모두 다른데, 어느 것 하나 적당히 대충 만든 것이 없다. 판매하는 물품을 그려둔 곳도 있고, 조명과 풀 장식을 잔뜩 달아 마치 트리처럼 꾸민 곳도 있다. 하나하나 개성 있게 장식되어 있는데 그게 또 전부 다 예쁘고, 광장에 그런 부스 수십 개가 모여있으니 이곳이 바로 동화 속 크리스마스 마을이다. 공들여 준비했다는 것이 단

esdner Striezelmarkt 2022
Glühwein
Glühbier

번에 느껴져서 하나하나 구경하는 재미가 있다. 누군가의 정성스러운 손길이 묻어나는 것을 보는 일은 언제나 즐겁다. 친구와 둘이서 "이것 좀 봐!", "저기도 예뻐!"라고 떠들며 광장을 계속 빙글빙글 돌았다. 일루미네이션도 사람들의 눈동자도 별처럼 빛나고, 여기저기를 돌아다니는 분주한 발걸음에서 즐거운 설렘이 느껴지는 이곳. 유럽에서도 가장 아름다운 크리스마스 마켓 중 하나로 꼽힌다는 드레스덴 마켓. 그중에서도 가장 화려하다는 구시장 광장의 마켓이었다.

Teddyland

부스에서 구매한 드레스덴 마켓 기념 머그컵을 손에 들고, 광장 근처의 십자가 교회Kreuzkirche를 지나 다시 호텔로 돌아간다. 아침에 걸어왔던 프라하 거리에도 부스들이 있지만, 방금 전까지 훨씬 더 눈부신 곳에 있었기에 여기는 큰 감흥 없이 지나친다.

Travel Log

TOUR

프라하 거리 Prager Straße
Prager Straße, 01069

구시장 광장 Altmarkt
Altmarkt, 01067

성모 교회 Frauenkirche Dresden
Neumarkt, 01067

스톨호프 Stallhof
Stallhof, 01067

군주의 행렬 Fürstenzug
Augustusstraße 1, 01067

가톨릭 궁정 대성당 Katholische Hofkirche
Schloßstraße 24, 01067

왕관의 문 Kronentor Dresden
Ostra-Allee 9, 01067

츠빙거 Zwinger
Sophienstraße, 01067

십자가 교회 Kreuzkirche Dresden
An d. Kreuzkirche 6, 01067

EAT

코젤팔레 Restaurant & Grand Café Coselpalais
An d. Frauenkirche 12, 01067

베리굿 프로즌 요거트 berrygood Frozen Yogurt
Webergasse 1, 01067

SHOP

알트마르크트 갤러리아 Altmarkt-Galerie Dresden
Webergasse 1, 01067

Haus

Puppen Theater
Knusper
23
22

Schaschlik
6,-
Fleischspieß
5,50
Currywurst
Kartoffelecken
4,50 €
4,50 €

bestellen Sie Ihren Kuchen am Tisch
Bitte bestellen Sie
Ihren Kuchen
am Tisch.

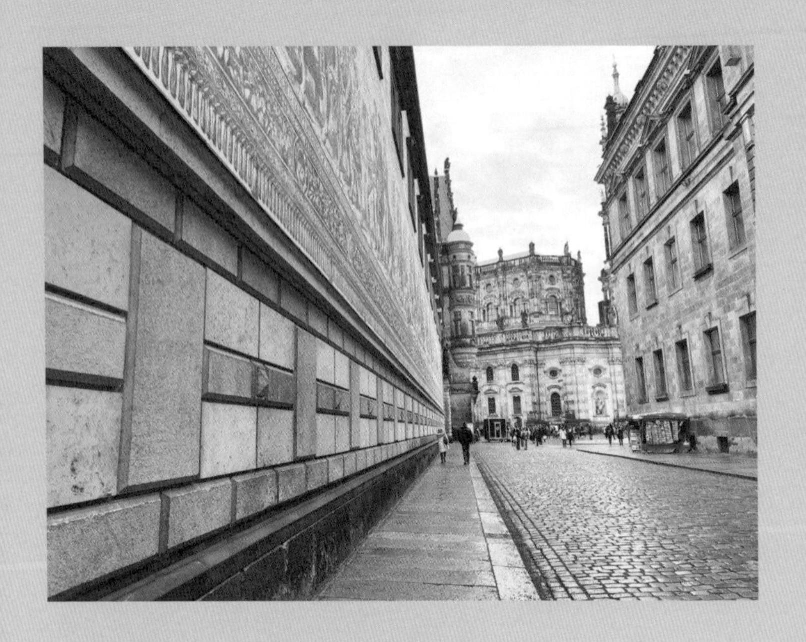

DAY 3 - 12월 23일 금요일

장난감 궁전과 귀여운 아이들

어제 하루 종일 드레스덴 구시가지를 둘러보았으니, 오늘은 근교와 신시가지를 가보기로 했다. 오전 느지막이 일어나서 가장 먼저 향한 곳은 호텔 바로 근처에 있는 베이커리 겸 제과점 슈베르트너Bäckerei und Konditorei Schwerdtner. 꽤 널찍해서 잠시 쉬기도 좋고 커피와 함께 샌드위치도 판매하고 있어 아침 식사 장소로는 제격이다. 고작 이틀 정도 유럽 음식을 먹었다고 금세 익숙해졌는지, 이제 오전에는

빵과 커피가 생각난다. 아침의 허기만 딱 채워줄 가벼운 샌드위치와 따뜻한 카푸치노로 에너지 충전 완료.

기차를 타기 위해 중앙역 방향으로 걷던 중, 친구가 휴대폰으로 뭔가를 찾아보더니 걱정스러운 표정을 지었다. 우리가 탑승해야 할 기차의 출발이 몇 분 남지 않았고, 다음 기차는 한참 후에야 있다는 것. 잠시 서로를 쳐다보다가, "뛸까?" 한 마디 후에 그대로 역까지 달렸다. 역에 도착하자마자 정신없이 매표기를 찾고, 부랴부랴 표를 구매한 후 열차로 뛰어들어가 무사히 탑승 완료.

드레스덴 중앙역에서 출발해 인근의 코스비히Coswig 역에 도착했다. 흐릿하던 하늘이 그 짧은 사이 맑게 개어 더없이 푸르고 선명하다. 마음까지 상쾌해지는 깨끗한 하늘을 잠시 구경하다 목적지까지 우리를 데려다줄 버스에 탑승했고, 버스는 숲길을 달려 작은 마을에 도착했다. 빨간 지붕의 낮은 집들이 듬성듬성 놓여있고 그 사이로 넓은 돌길이 나있는 곳. 대로를 따라 고개를 돌리면 거대한 호수 위에 작은 섬처럼 떠있는 노란 빛깔의 성이 있다. 이곳이 바로 오늘의 첫 번째 목적지, 모리츠 성Moritzburg이다.

Coswig (b Dresden)

모리츠 성은 장기 거주를 위한 거처가 아니라 여름 별장으로 지어졌다. 그래서인지 이 지역에는 성 이외의 다른 특별한 명소가 없고, 해자를 만든 것을 제외하면 건축물 자체에도 특별히 호화롭게 꾸며진 부분은 찾아보기 어렵다. 멀리서 바라보면 성 외관의 형태가 동그라미와 세모, 네모로 뚜렷이 구분되어, 마치 아이들이 블록으로 쌓아 만든 장난감 성 같기도 하다. 귀여운 이 궁전의 첫 주인은 작센 공작 모리츠. 16세기에 모리츠 공작이 사냥용 별장으로 쓰기 위해 건축한 이곳을, 이후 18세기에 아우구스투스 2세가 바

로크 양식으로 개조하여 작센 왕가의 여름 별궁으로 삼았다. 그의 사후에 공사가 중단되어 아직까지도 미완성으로 남아있지만, 성과 그 주변을 둘러보는 데에 크게 문제될 것은 없다.

대로를 걸어 성문 근처로 가니 팻말에 부착된 공지 하나를 볼 수 있었다. 매년 겨울 이곳에서 열린다는 〈신데렐라를 위한 세 개의 너츠〉 영화 소품 전시회 관련 안내문이다. 1973년에 개봉한 오래된 영화인데, 촬영지가 모리츠 성이라 정기적으로 이곳에서 전시를 여는 모양. 흔히 알려진 신데렐라 스토리를 조금 다르게 각색한 영화라고 하는데, 이 영화에 대해서는 아는 바가 없고 소품도 크게 궁금하지는 않았지만, 이곳에 온 김에 겸사겸사 구경하면 좋겠다 싶어 표를 미리 예매해두었다.

성 내부에는 관람로를 따라 영화에 사용된 의상과 소품들이 전시되어 있고, 조금 넓은 구역으로 나오면 재미있는 이벤트도 마련되어 있다. 영화 의상을 관람객이 직접 입어 볼 수 있게 준비해둔 것이다. 표를 예매할 당시, 신데렐라 드레스를 착용해 볼 수 있다는 안내문을 보고, 시녀들이 나에게 화려한 옷을 입혀주는 장면을 상상했는데, 아쉽게도 그렇지는 않다. 넓은 공간에 행거가 몇 개 놓여 있고, 대여섯 벌의 의상이 각각 성인 사이즈와 아동 사이즈로 나뉘어 걸려있을 뿐이다. 갈아입을 곳도 없고 드레스도 수수한 편이다. 조금 실망했지만 물론 그렇다고 해서 입어보지 않은 것은 아니다. 성인 사이즈는 크고 아동 사이즈는 작아서 어느 것을 입어도 제대로 맞지 않았지만, 입고 있는 옷 위로 어떻게든 걸치고 포토존에서 사진도 열심히 찍었다.

옷을 다시 갈아입고 성을 구경하다 보면 헌팅 트로피로 가득한 방이 하나 나온다. 이 성이 사냥용 별장임을 떠올리게 해주는 커다란 홀인데, 사슴 머리 수십 개가 하얀 벽에 걸려있어 조금 무섭기도 하다. 가운데에는 다이닝 테이블이 놓여 있는데, 이런 섬뜩한 곳에서 밥이 들어간다니 잘 이해가 가지 않지만, 이 성의 명소라고 하니 그런 가보다 하며 지나갔다.

이후로는 계속 영화 소품들과 밀랍 인형들이 전시되어 있다. 주요 방문객인 어린이들을 위해, 영화 소재에서 착안한 넛츠 게임도 몇 가지 마련되어 있다. 게임을 위해 필요

한 넛츠 몇 개를 집어 근처의 아이들에게 건네줬더니 아이들은 빙글빙글 웃으며 부끄러워했다. 옆에서 지켜보던 아이들의 부모님이 인사를 시키니 그제서야 쑥스럽게 "고맙습니다Dankeschön"하며 우리에게 인사하는 꼬맹이. 그에 대한 우리의 답례 인사는 "천만에요Bitteschön".

관람로의 끝에는 작은 카페가 있다. 잠시 쉬다 성 밖으로 나와 다시 한번 성 주변을 구경했다. 지금은 겨울이라 호숫가의 물도 군데군데 말라있고 나무도 앙상하지만, 여름의

H
Moritzburg
Markt
M
400
456
477
VGM÷VVO

풍경은 푸릇푸릇 생기 있을 것이다. 이곳에 다시 방문하게 될지는 모르겠지만 말이다. 조금 아쉬운 마음을 남기고 다시 드레스덴 시가지로 향하는 버스에 탑승했다. 저녁 시간은 신시가지에서 보낼 예정이다.

엘베강 남쪽 구시가지에 비하면 신시가지에는 관광명소라고 할만한 곳이 많지 않지만, 하나 골라본다면 쿤스트호프 파사쥬Kunsthofpassage를 꼽을 수 있다. 직역하면 '예술마당 통로'인데, 버려진 공간을 정비하여 예술가와 소상공인을 위한 상점 거리로 조성한 곳이다. 예술인의 마당이라 하여 홍대 거리 같은 것을 생각하면 곤란하고, 아주 작은 상점 몇 개가 모인 소규모의 공간일 뿐이지만, 나름대로 잘 꾸며놓았다. 테마에 따라 구역을 구분해 두었고, 그 안에는 공예품 판매 상점들을 비롯해 카페와 식당, 꽃집 등이 있다. 당일치기로 드레스덴에 온다면 굳이 시간을 쪼개 무리해서 이곳까지 들를 필요는 없다고 보지만, 아기자기한 소품 구경이나 소규모 아트샵 투어를 좋아한다면 나쁘지 않은 선택일 수 있다. 바로크 양식의 건물들로 가득한 구시가지에서는 볼 수 없었던, 개성 있는 가게들을 만날 수 있다.

30

Lecker
Lecker
Räudig
DRESDEN
Musikhaus
Neustadt

PASSAGE
Silhouette
Atelier und Boutique
Einfahrt freihalten!

입구가 눈에 잘 띄지 않아 그냥 지나치기 쉽다. 이곳의 상징인 날아다니는 알록달록한 소를 찾아야 한다. 발견했다면 그곳이 바로 마당으로 들어가는 입구.

그런데 입장하려는 그 순간, 입구 근처에 있던 인형같이 생긴 조그만 여자아이 두 명이 "안녕하세요Hallo"하며 우리를 불러 멈춰 세우고 독일어로 말을 걸어온다. 입고 있는 외투가 똑같은 것을 보니 자매인 듯하다. 뭐라고 하는지 전혀 이해할 수 없는 나 대신에 독일어를 잘하는 친구가 잠시 여자아이들과 대화를 나눈 결과, 이 아이들의 용건은 깜찍 그 자체. 크리스마스를 기념하는 엽서를 집에서 직접 만들어와서 한 장당 1유로에 팔고 있으니 사지 않겠냐는 것이다. 당연히 사야지, 얘들아.

아무튼 아이들을 따라 몇 발짝 가보니, 집에서 가져온 것으로 추정되는 썰매 모양의 가판대 위에 세 종류의 엽서가 놓여있고 그 옆에는 장난감 계산대도 구비되어 있다. 엽서의 커팅이 약간 엉성해서 정말로 직접 만든 것임을 짐작할 수 있었는데, 그림은 꽤 마음에 들었다. 아이들이 흔히 그리는 것과는 조금 다른 느낌의 심플한 디자인. '감각이 좀 있는 애들인가' 생각하며 두 장을 골라 2유로를 내밀었더니, "감사합니다. 메리 크리스마스!Dankeschön. Frohe Weihnachten!" 하고 인사하며 장난감 계산대를 열어 야무지게 동전을 챙겨 넣는다. 정말이지, 나도 모르게 두 손을 심

장에 모으게 되는 귀여움이다. 일고여덟 살쯤 되어 보이는 작은 아이들이 추운 겨울에 거리 한복판에서 양 볼이 빨개지도록 장사를 하고 있는 것이다. 부모님의 경제 교육방침인지, 본인들이 기획한 작은 크리스마스 마켓 같은 것인지 잘 모르겠지만, 예고 없이 찾아온 이런 귀여운 이벤트를 경험한 여행객은 그저 즐거울 뿐.

참고로 말하자면, 이 사건을 경험하는 동안 나는 '애들이 참 귀엽네' 말고는 아무 생각이 없었는데, 독일에 거주 중인 친구는 계속 경계하고 있었다고 한다. 아이들을 내세워

주의를 돌리고, 여행객의 정신이 다른 데에 팔려있는 사이 소매치기를 하는 경우가 꽤 흔하다고. 이 아이들이 그런 의도로 이곳에 있는 것이 아님을 파악한 후에야 친구가 나와 함께 아이들을 따라가 엽서를 사주었지만, 정말로 소매치기였다면 충분히 당할 수도 있었을 만한 상황이다. 이 글을 읽는 다음 여행자들에게 혹시라도 비슷한 상황이 발생한다면 나처럼 멍하게 있지 말고 일단 주의할 것. 여행 중에 모르는 사람이 말을 걸어오면 조심해야 한다는 것은 당연한 이야기지만, 막상 겪게 되면 소매치기 같은 나쁜 의도가 있을 수도 있다는 사실을 미처 생각하지 못할 수 있다.

엽서 두 장을 손에 쥐고 흐뭇한 마음으로 쿤스트호프 파사쥬에 입장했다. 공중에는 조명이 매달려 있고, 골목 사이사이로 작은 상점들이 오밀조밀 모여있다. 발길이 닿는 대로 하나하나 구경했다. 초파리 캐릭터 그림이 그려진 엽서와 포스터를 판매하는 아트샵, 동서양의 차와 다기를 판매하는 상점, 펠트 소품점, 꽃집, 원석과 캔들을 파는 가게까지. 상점들의 규모는 모두 작지만 그 안에 여러 종류의 상품들이 빼곡히 채워져 있어 생각보다 오래 구경하게 된다. 잠깐만 들렀다 이동할 생각이었는데 다음 일정까지의 시

간이 애매하기도 해서 이곳에서 꽤 긴 시간을 보냈다. 기념으로 구매한 장미향 아로마 오일 한 병을 가방에 챙겨 넣고 다시 거리로 나섰다. 입구에서 만났던 꼬맹이들이 목청껏 “안녕하세요Hallo”를 외치며 다른 행인들을 붙잡는 소리가 멀리서 들려오는 것을 보니, 엽서 판매점은 아직도 절찬리 영업 중. 언제 퇴근하는 거니, 얘들아.

이후로는 신시가지 거리를 한참 걸어야 했다. 이미 해는 완전히 져서 까만 하늘. 상점 거리와 주택 단지를 지나 인적이 드문 차도를 따라 걷는 동안 계속해서 마주치는 건물 사이의 노란 조명과 주택 창문에 놓인 별 장식은 지금이 크리스마스 시즌이라는 것을 상기시켜주었다. 걷다가 발견한 베이커리에서 새하얀 슈가 파우더가 잔뜩 뿌려진 슈톨렌을 구매한 후, 다시 걷고 또 걸었다. '버스나 트램을 탈 걸 그랬나' 생각할 때쯤 목적지에 도달했다.

오늘의 마지막 코스이자 저녁 식사 장소인 레스토랑 게누스 아뜰리에Genuss-Atelier. 이번 여행의 목표 중 하나인 '이 동네의 제일 좋은 식당에서 식사하기' 미션을 달성하러 왔다. 독일어를 전혀 못하는 나를 대신해서, 여행 내내 의사소통을 담당해 주는 고마운 친구에게 보답하고 싶은 마음도 있었다. 그래서 선택한 이곳은 미슐랭 1스타에 구글 리뷰도 호평 가득한 파인다이닝. 두근거리는 마음으로 입장하니 석굴처럼 꾸며진 독특한 인테리어가 눈에 들어온다. 코트를 맡기고 예약된 자리에 앉으니, 내 이름이 적힌 미니 캔버스와 이젤이 우리를 반긴다.

첫 번째 코스는 애피타이저. 작센주 모양의 플레이트에 작은 푸아그라 컵케이크가 놓여있다. 한 입에 넣을 만한 바삭한 롤도 함께 나왔다. 둘 다 핑거푸드라 금방 다 먹고 나니, 바로 다음 코스인 빵과 갈릭 크림이 서빙되었다. 따뜻한 빵과 크림이 잘 어울려 입이 즐거워진다.

다음 요리는 아시안 요리를 재해석한듯한 모습. 커다란 플레이트 중간에 언뜻 보면 두부와 김밥, 생선회로 보이는 요리가 작게 올려져 있다. 실제로 먹어보면 전혀 다른 맛인데, 상큼하고 시원해 입맛을 돋운다. 무슨 재료로 만든 것인지 다 알 수는 없었지만, 이 또한 파인다이닝의 재미다. 익숙하지 않은 요리를 맛보니 미각에 집중하게 된다.

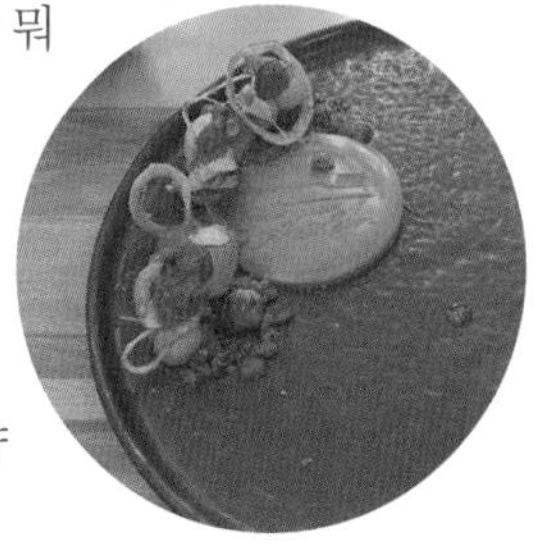

네 번째 코스 또한 뭐라고 불러야 할지 그 모습이 생소한 요리. 반질반질한 초록색 동그라미가 있어, 마카롱 꼬끄인가 싶었는데 포크로 찍어보니 크림이다. 그 옆에는 구운 양

파와 후레이크가 있다. 곁들여 먹으니 달콤한 맛과 바삭한 식감이 어우러진다. 이어서 서빙된 접시에는 먹기 좋게 작게 조각낸 음식 위로 벌집 모양 튀김과 꽃잎이 장식되어 있다. 역시나 요리의 양은 많지 않은데, 우리는 사실 여기서부터 배가 꽤 불러왔다. 다음 요리는 오늘의 메인. 여러 가지 재료들로 탑을 쌓은 듯한 예쁜 음식과 스테이크 한 조각이 식탁에 놓였다. 스테이크는 딱 알맞게 구워져 부드럽다. 메인 요리 후에는 디저트가 이어졌다. 과일향 셔벗, 사과 모양 빵, 식당에서 서비스로 추가 제공한 초콜릿까지.

여기까지 모든 식사를 마치고 나니 더 이상 먹을 수 없을 만큼 포만감이 가득해, 한없이 게을러진다. 식당에 머무르는 동안 벌써 몇 시간이 흘렀는지, 시계를 보니 이미 늦은 밤이다. 처음 맛보는 독창적인 요리와 밤늦도록 이어지는 대화로 가득 채운 오늘의 저녁. 우리는 요리가 하나하나 나올 때마다 사진을 찍으며 행복해했고, 그런 우리를 보며 웃으며 말을 걸어오는 옆 테이블의 노부부와 인사를 나누기도 했다. 추억의 한 페이지로 오랫동안 남을 것이 분명한 순간이다.

친절한 응대와 서비스 디저트에 감사를 표하는 마음으로 팁까지 두둑이 지불하고 어두운 밤거리로 다시 나와 신속하게 호텔로 돌아갔다. 겨울밤의 추위에 머리칼이 곤두서지만, 마음만큼은 훈훈한 지금. 세 번째 날도 이렇게 무사히 잘 마무리할 수 있다니 감사한 일이다. 잘 준비를 마치고 사진을 정리하며 하루를 되돌아본다. 기차 타고 저 멀리 궁전까지 가서 공주 옷도 입어보고 사치스러운 저녁 식사도 해본 날인데, 우연히 만난 엽서팔이 소녀 두 명이 제일 기억에 남는 이상하고 귀여운 하루.

Die zweite Chance
für gute Backwaren.

Travel Log

TOUR

드레스덴 중앙역 Dresden Hauptbahnhof
Wiener Platz 4, 01069

모리츠 성 Schloss Moritzburg
Schloßallee, 01468 Moritzburg

쿤스트호프 파사쥬 Kunsthofpassage Dresden
Görlitzer Str. 21-25, 01099

EAT

슈베르트너 Bäckerei und Konditorei Schwerdtner
Prager Str. 2, 01069

게누스 아뜰리에 Genuss-Atelier
Bautzner Str. 149, 01099

SHOP

드레스덴 뮐렌 베이커리 Dresdner Mühlenbäckerei
Bischofsweg 31, 01099

Churfuerstliche Waldschaenke
Waldpension
Fasanenschlösschen
Wildgehege
Schloss
Haus des Gastes
Kirche
Braut & Stäbel
Reitsportbedarf
Sattlerei Tom Büttner
Schloss-Teichhaus
Dresden

RESTAURANT
30
ZONE

30
ZONE
P
ZONE
mit
Parkschein

DAY 4 - 12월 24일 토요일

고요한 성탄 전야

Dresden

쌀쌀하지만 맑은 크리스마스 이브. 프라하 거리를 지나 구시장 광장으로 향했다. 24일 점심이면 크리스마스 마켓이 종료되기 때문에, 마지막으로 한 번 더 눈에 담아두려 한다. 마켓을 개최하는 도시마다 조금씩 다르지만, 보통은 이브 정오 경에 행사를 마무리한다. 유럽 사람들에게 크리스마스란 가족과 함께 보내는 시간이기 때문에, 이브 저녁이 되기 전에 대부분 일을 일찍 마치고 집으로 돌아간다. 그래서 한국에서는 가장 화려한 순간인 이브 저녁과 크리스마스 당일에 유럽의 거리는 오히려 한산하고 고요하다. 영업을 하는 가게도 찾아보기 어렵다.

밝은 대낮의 크리스마스 마켓을 잠시 둘러보았다. 날씨는 추운데 이곳만큼은 오늘도 따뜻한 표정만 가득하다. 아이들은 발그레한 볼을 하고서 좁은 길을 뛰어다닌다. 나는 원체 추운 날씨를 힘들어해서 이번 여행은 특히 고민이 많았다. 독일은 이전에도 방문한 적이 있어, 겨울이 아닌 계절에도 초저녁부터 햇살이 약하고 으슬으슬한 날이 많다는 것을 알고 있었기에 더욱 망설여졌다. 다행스럽게도 이번 여행 동안 기온은 영하로 떨어지지 않았고, 간간이 내리는 비는 우산 없이 맞고 다녀도 될 정도였다. 추위가 싫은 여행자도 한 번쯤은 도톰한 패딩을 입고 양손에 핫팩을 쥐고 크리스마스 마켓에 가보자. 크리스마스 마켓은 겨울에만 열리고, 반짝이는 조명은 밤에 더 아름다우니.

슬슬 정리하는 분위기인 마켓을 뒤로하고 식당으로 들어갔다. 나의 선택으로 유자 에이드를, 친구의 추천으로 독일식 양파 피자인 플람쿠헨Flammkuchen을, 점원의 추천으로 햄과 계란으로 버무려진 요리를 주문했다. 유자 에이드와 햄 요리는 예상했던 맛인데, 양파 피자가 생각 이상으로 괜찮았다. 얇은 도우 위에 적양파와 대파 조각만 토핑 되어 있는 피자라, '이게 맛이 있을까' 싶게 생겼지만 치즈 피자와는 또 다른 산뜻한 매력이 있다.

식사를 마친 후에는 둘째 날에 못다 한 구시가지 구경을 이어 나갔다. 아직 영업 중인 부스를 찾아 글뤼바인을 한 잔씩 주문해 손에 들고 이슬비를 맞으며 반질반질한 골목을 걸었다. 성모 교회와 스톨호프를 지나 우리가 도착한 곳은 브륄의 테라스Brühlsche Terrasse. 이름만 보면 남의 집 테라스가 무슨 관광명소인가 싶을 수 있지만, 가정 집 테라스는 당연히 아니고 엘베 강변에 있는 짧은 산책로다. 16세기경 드레스덴 시내를 보호하기 위해 세워진 방어시설인데, 18세기에 브륄 백작에게 하사되었고, 백작은 요새 성벽 위의 길을 따라 미술관과 도서관, 정원 등을 건설하여 이 길을 멋진 휴식공간으로 탈바꿈시켰다.

높고 넓은 길을 사이에 두고 한쪽에는 르네상스와 바로크 스타일의 건축물들이 줄지어 있고, 반대쪽에는 엘베강과 강 건너의 신시가지가 펼쳐져 있다. 그야말로 드레스덴의 아름다움을 한눈에 담을 수 있는 곳. 이곳의 풍경에 반한 독일의 대문호 괴테는 브륄의 테라스를 '유럽의 발코니'라 칭했다고 한다.

중세에서 시간이 멈춘 듯한 뉘른베르크가 오래되고 조금은 투박한, 그래서 편안하게 느껴지는 시골 마을 같은 모습이었다면, 르네상스와 바로크 시대의 모습을 예쁘게 간직한 여기 드레스덴은 단정하면서도 고풍스러운 매력이 있다. 모던과 클래식이 공존하는 아름다운 도시임을 다시 한 번 실감한다.

엘베강을 향해 벤치가 놓여있다. 잠시 앉아 풍경을 감상한다. 일정에 여유가 있고 날씨도 허락한다면, 테라스 서쪽에 놓인 아우구스투스 다리를 건너 신시가지로 가보는 것도 좋을 것이다. 오늘은 아쉽게도 날이 춥고 흐려 우리는 벤치에 앉아 반대편의 풍경을 눈에 담기로 했다.

잠시 쉬다가 테라스 길을 따라 동쪽으로 조금만 걸어가면 끝자락에서 브륄의 정원Brühlscher Garten을 만날 수 있다. 역시 마찬가지로 브륄 백작의 작품이다. 모든 정원이 그렇듯, 봄과 여름에는 꽃이 피어 아름답지만 겨울에는 특별히 볼 것이 없다고 하여 기대하지 않았는데, 나와 친구에게는 '너무 좋았던 곳'으로 기억에 남았다. 커다란 나무들이 반듯하게 손질된 녹지 위에 뿌리를 내리고, 그 사이로는 쓰레기 하나 없는 깔끔한 돌길이 구불구불 이어져있는 곳. 도심 속 작은 보물 같은 장소다. 아침 내내 먹구름을 피우던 하늘도 때마침 청명하게 개어 파란색과 초록색이 눈을 즐겁게 하고, 비 그친 후의 상쾌한 공기는 오후의 졸린 눈을 뜨게 만든다. 아주 작은 공원에서 낙엽 사이를 거닐며 마음까지 시원해지는 즐거운 시간을 보냈다.

시가지 중심부 외곽의 길을 따라 친구와 보폭을 맞춰 나란히 걸었다. 비 갠 후의 맑은 하늘에는 새하얀 구름이 낮게 떠있고, 그 사이로 비치는 밝은 햇살에 눈이 부시다. 별것 없는 길가에서 몇 번이나 멈춰 서서 카메라를 들고 렌즈에 하늘을 담았다. 테라스에 있을 때까지만 해도 잠이 덜 깬 듯 몸이 움츠러들었는데, 날씨는 이렇게 순식간에 사람 마음을 휘두르는 재주가 있다. 푸른 하늘 아래 더없이 평화롭고 상쾌한 순간. 여행 후에도 오래오래 기억해야지.

DKB

Neustadt
Elberadweg
Pillnitz
Großer Garten

그렇게 한참 걸어서 드레스덴 구시가지 동편에 있는 대정원Großer Garten에 도착했다. 여름 별궁으로 쓰이던 곳이라 대규모의 녹지 중앙에 바로크식 궁전이 있다. 작센 지역에 있는 바로크 양식 건축물 중 가장 화려하다고 손꼽힐 정도로 아름다운 궁전이었으나, 2차 대전 당시 파괴된 이후 현재는 외관 부분만 겨우 복원된 상태라고. 궁전 내부를 볼 수 없는 점은 아쉽지만, 드넓은 평지에 섬세하게 조경된 공원 자체만으로도 충분히 들러 볼 만한 곳이라고 생각했다. 수십 종의 꽃과 나무 사이로 길게 이어지는 산책로를 따라 분수와 조각상이 배치되어 있고, 정원 한편에는 동물원까지 있다고 한다.

여행 계획을 세울 당시 구글에서 본 사진 속 풍경은 꽃이 만발해 로맨틱한 모습이었는데, 계절이 겨울인 만큼 크게 기대는 하지 않았지만 그래도 풀과 나무를 보며 산책하는 것을 좋아하기 때문에 꼭 들르고 싶었던 곳이다. 그런데 입구에 도착해 보니 생각보다 짧지 않은 코스가 될 것임을 정원 밖에서도 짐작할 수 있었고, 찬 바람을 맞으며 이미 꽤 걸어 다닌 터라 우리는 휴식이 필요했다. 따뜻한 실내에서 잠시 앉아 쉰 후에 정원 구경을 해야겠다고 생각하며, 인근의 카페 몇 군데를 알아보았지만 오늘은 크리스마스 이브. 문을 연 카페가 단 한곳도 없었다.

이대로 정원에 입장하자니 중간에 돌아오는 길까지 고려하면 체력이 꽤나 필요할 것 같은데, 벌써 나는 꽤 피곤하고 몸이 으슬으슬해 자꾸만 코를 훌쩍이고 있었다. 문 앞까지 왔지만 어쩔 수 없이 이번 일정은 포기하기로 했다. 대학생 때는 유럽에 여행 오면 지나가는 시간이 아깝고 조금이라도 더 보고 싶은 마음에 새벽부터 나가서 돌아다니곤

했는데, 이제는 일정을 이렇게 여유 있게 잡아도 하루는 쉬어가야 하나보다. 코를 킁킁거리며 호텔로 향하는 트램에 탑승했다. 따뜻한 호텔에 돌아와 몸을 녹이니 슬슬 배가 고파온다. 매콤하고 뜨끈한 국물이 너무나도 먹고 싶다.

해외여행 갈 때 튜브 고추장이나 컵라면을 챙겨본 적이 없다. 누가 그런 것들을 챙겨간다고 하면 촌스럽다며, 여행할 줄 모른다며, 그럴 거면 한국에 있지 여행은 뭐 하러 가냐며 타박했다. 나의 캐리어는 항상 옷과 화장품 만으로도 이미 '만석'이었다. 적지 않은 시간과 돈을 들여 모처럼 타국에 방문하는 만큼, 평소에는 해보기 어려운, 그 나라만의 무언가를 경험하고 싶은 마음 때문이기도 했다. 그런데 여행 동안 독일 음식만 먹겠다며 주구장창 소시지와 감자, 빵, 기름진 고기만 먹다 보니, 여행 막바지에 다다른 이 밤에는 매콤한 국물이 그렇게 먹고 싶을 수가 없었다. 숙소 바로 앞에 일식 라멘집이 있지만 크리스마스 이브라 불이 꺼져 있었다. 혹시나 하는 마음에 친구가 라멘집으로 전화까지 해봤지만 슬프게도 받지 않았다. 이렇게 된 이상 라면을 꼭 먹고야 말겠다며 깜깜한 저녁에 친구와 둘이 아시안 마트까지 검색해서 찾아갔지만 여기도 역시나 영업 종료였다. 상점들이 정상 영업하는 다른 날에는 독일 음식을 맛있게 잘만 먹다가, 하필이면 크리스마스 이브에 얼큰하고 칼칼한 국물이 이렇게까지 생각나다니. 눈앞에 아른거리는 라면은 아쉽지만 포기해야 했고, 그래도 느끼한 음식은 도저히 못 먹겠기에 대안으로 찾은 곳이 그리스 식당이었다. 빨간 국물 요리는 아니었지만, 상큼한 샐러드라도 있으니 그런대로 입에 넣을만했다. 이 자리를 빌려, 튜브 고추장 가져갔다고 저에게 막말 들으신 많은 분들께 사과드립니다.

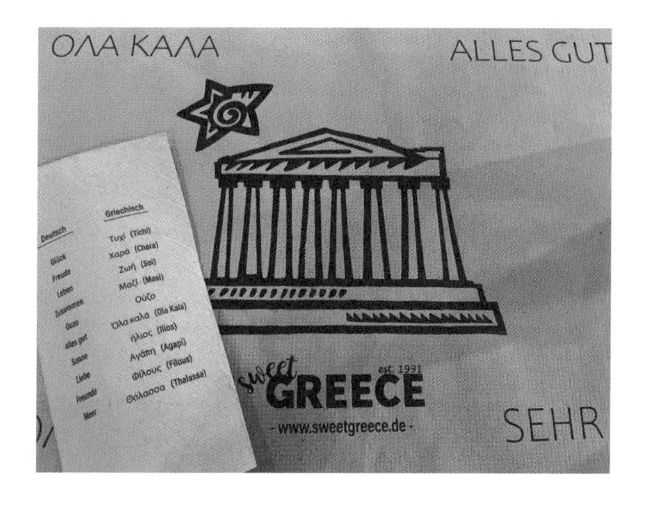

그렇게 저녁에 사 온 샐러드와 며칠 전 먹다 남은 렙쿠헨을 앞에 두고 먹는 둥 마는 둥 하며 친구와 밤이 늦도록 한참을 이야기했다. 대학생 때의 이야기에서 출발해 고등학교 시절 이야기, 지금의 생활, 꿈꾸는 미래, 그리고 빼놓을 수 없는 연애 이야기까지. 몇 시간을 이야기한 결론은 딱히 없었지만, 친구는 나에게 어떤 상황이든 선택을 잘 한다고 했고, 나는 내 친구가 자신의 선택을 좋은 선택으로 만드는 사람이라고 생각했다. 근래에 이만큼 마음이 가벼운 날이 또 있었을까. 역시 여행 오기를 잘했다. 티켓팅을 할 때에는 일시에 지출되는 큰 금액 앞에 항상 망설이게 되지만, 돌이켜보면 지금까지 그 어떤 여행도 비행기와 호텔 값을 못한 적은 없다.

초반부에 간략히 적기도 했지만, 이번 여행은 입국 과정에서 고생을 좀 했다. 이어지는 연착과 취소로 이틀을 공항에서 보내야 했고, 수하물까지 지연되어 결국 여행 기간 내내 수령하지 못했다. 기나긴 기다림 끝에 드레스덴에 도착했는데 수하물을 못 받는다는 말을 들었을 당시에는 정말 눈물이 날 지경이었다. 다행히 여행 후에 접수한 클레임이 금방 처리되어 며칠 후에 모두 보상받을 수 있었지만 여행

의 시작은 최악이었다. 이미 하루하고도 반나절은 날렸고, 계획에 없던 큰 지출도 몇 건이나 생긴 데다가, 남은 여행 동안 갈아입을 옷 한 벌조차 없는 빈털터리 상태였다. 그럼에도 불구하고 스스로도 신기할 만큼 마음은 차분했다. '이런 경험 또 언제 해보겠나' 생각하니 그 나름의 재미도 있었고, 필요한 것이 있다면 현지에서 사면 그만이었다. 어이없는 헛웃음에 가깝기는 했지만, '사람이 이렇게도 살 수 있기는 하네' 싶어 웃기기도 했다. 항공편 문제로 굳이 신경 쓴 부분이 하나 있다면 증빙용 영수증을 꼬박꼬박 잘 챙겨둔 것뿐.

어제까지는 도시를 구경하는 재미에 푹 빠져있었다면, 오늘의 여행은 이런 소소한 즐거움을 찾는 시간이었다. 날씨는 흐렸고, 몸은 피곤했고, 그래서 가고 싶었던 목적지를 포기해야 했고, 먹고 싶었던 음식도 먹지 못했는데, 잠깐 동안 맑게 갠 오후의 하늘과 시간이 늦도록 이어지는 대화, 그 사이에 떠오르는 잔잔한 생각들이 나를 안심하게 했다. 창밖으로 비치는 성탄 전야의 프라하 거리를 한참 동안 내려다보며 생각했다. 조급하지 않아서 다행이야. 그만큼 더 좋은 선택을 할 수 있을 테니까.

SUBWAY

Travel Log

TOUR

구시장 광장 Altmarkt
Altmarkt, 01067

브륄의 테라스 Brühlsche Terrasse
Georg-Treu-Platz 1, 01067

브륄의 정원 Brühlscher Garten
Brühlscher Garten 1, 01067

대정원 Großer Garten
Hauptallee 10, 01219

EAT

빌마 분더 Restaurant Wilma Wunder
Altmarkt 21-23, 01067

스윗 그리스 sweet GREECE
Sankt Petersburger Straße, Eingang, Prager Zeile 32, 01069

WC
HELLO
My
DEAR

LUDWIG RICHTER

FAUST.
WALLENSTEIN

DAY 5 - 12월 25일 일요일

동화 속 환상의 나라, 꿈꾸는 크리스마스

Dresden

마켓은 종료되었지만 크리스마스는 이제 시작이다. 감기 기운도 말끔히 가셨다. 어제까지의 여행도 좋았지만 오늘은 크리스마스 당일이자 이번 여행의 마지막 날인만큼, 전체 일정 중 가장 신경 써서 계획해둔 날이다. 첫 일정은 둘째 날처럼 예쁜 곳에서 식사하는 것. 단정한 옷을 차려 입고 츠빙거 근처로 느긋하게 걸어 호텔 테센베르크팔레 켐핀스키Taschenbergpalais Kempinski에 도착했다. 어제 오후에 이어 오늘의 하늘도 눈이 시리도록 푸른빛.

독일의 장소 명칭에 Schloss, Burg, Palais 등의 단어가 붙어있다면 과거에 궁전이었던 경우가 많은데, 이 호텔 역시 원래는 성이었다. 드레스덴에 대해 설명하려면 도저히 빼놓을 수가 없어, 이 책에서 벌써 몇 번이나 등장 중인 작센 선제후 아우구스투스 2세가 18세기에 지은 궁전인데, 호텔 체인 회사 켐핀스키에서 인수하여 1995년부터는 호

텔로 운영 중이다. 과거의 궁전이 현재는 상업시설로 이용되고 있다는 점에서 둘째 날 방문한 코젤팔레와 비슷하다. 크리스마스 브런치를 위해 선택한 우리의 목적지는 호텔 내부에 위치한 카페 베스티뷸Café Vestibül. 예약 확인 후 자리에 앉아 잠시 기다리니, 미리 주문해둔 애프터눈 티 세트가 세팅되었다. 우리 테이블의 서빙을 담당한 점원이 상단 플레이트부터 한 단씩 메뉴를 설명한 후, 우리 둘의 사진도 찍어주었다. 덕분에 아침의 생기 있는 모습으로 기념사진을 남길 수 있었다.

티 세트의 구성은 따뜻한 커피 한 잔과 작게 조각낸 몇 종류의 빵이다. 크리스마스를 위한 슈톨렌도 한 덩이 올려져 있다. 사실 메인 식사라기보다는 디저트라고 할 수 있지만 생각보다 양이 적지 않다. 그리고 독일빵은 뭐랄까, 속이 빽빽하게 차있다. 뉘른베르크의 렙쿠헨도 드레스덴의 슈톨렌도 그렇다. 유럽의 다른 지역에서 흔히 맛볼 수 있는, 이스트로 부풀어져 공기가 차 있는 폭신한 빵이나, 입안에서 금방 녹는 달달한 버터 빵과는 확실히 다르다. 한두 조각만 먹어도 배부를 만큼, 디저트라기보다는 식사에 가까운 든든함이다. 그런 점도 왠지 독일스럽다. 어쨌든 결국 우리는 먹기 전에 예상했던 대로 티 세트를 꽤나 남기고 나왔다.

브런치를 마치고 향한 곳은 가까운 곳에 위치한 오페라 하우스, 젬퍼 오퍼Semperoper. 건물의 명칭은 설계를 담당한 독일의 건축가 고트프리트 젬퍼의 이름과 같다. 르네상스 양식의 아름다운 이 공연장은 세계에서 가장 오래된 관현악단 중 하나로 손꼽히는 드레스덴 작센 국립 관현악단 Sächsische Staatskapelle Dresden의 본거지로도 유명하다. 음악사로 보자면 바그너의 〈탄호이저〉를 비롯한 수많은 명작들이 초연된 곳이며, 현재까지도 매년 5월 드레스덴 음악제가 열리는 독일 음악의 성지와도 같은 곳이다.

드레스덴을 넘어 유럽 전역으로부터 매년 수십만 명의 음악 애호가들을 불러 모으고 있는 명소지만, 그 역사의 이면에는 여러 차례의 파괴와 재건이 기록되어 있다. 1841년에 최초 개관한 젬퍼 오페라하우스는 완공한 지 30년이 채 되지 않은 1869년에 화재로 전소되었으나, 시민들의 강력한 요청으로 재건되어 1878년에 다시 문을 열었다. 이후 1945년 드레스덴 대공습 당시, 시내의 다른 명소들과 함께 파괴되어 외벽만을 남기고 전부 불타버렸고, 그 상태로 30년 가까이 방치되다가 1985년에 복원되어 재개관하였다. 시간이 흘러 2002년에는 유럽 대홍수로 엘베강이 범람하여 건물이 물에 잠겼고, 같은 해 연말에 복구가 끝나 다시 정상 운영할 수 있게 되었다. 개관 이후 물불을 가리지 않는(?) 여러 차례의 수난을 겪으며 몇 번이나 복원 작업을 거쳐온 극장이지만, 다행스럽게도 젬퍼의 설계안이 잘 보존되어 있어 아직까지도 초기의 그 모습을 잘 유지하고 있다.

우리는 오늘 이곳에서 〈호두까기 인형〉 발레 공연을 감상하기로 했다. 〈호두까기 인형〉은 나의 개인적인 크리스마스 의식이다. 스무 살부터 매년 크리스마스마다 국립발레단과 유니버설발레단을 번갈아 가며 같은 공연을 계속 관람해왔다. 곡도 춤도 외울 지경이지만, 크리스마스 분위

Über 700 Menschen.

기에 가장 깊이 파묻힐 수 있는 나만의 방법이다. 그래서 이번 여행을 계획할 때 항공편과 숙소 다음으로 결제한 것이 바로 이 공연의 티켓이었다. 해외에서 크리스마스를 보내는 것도, 〈호두까기 인형〉을 관람하는 것도 처음이라 가장 기다려왔던 순간 중 하나다.

발레 작품의 줄거리는 대체로 단순하다. 선과 악이 명확한 경우가 대부분이라 입체적인 인물도 많지 않다. 대사 한 마디 없이 몸짓과 표정만으로 주제를 표현해야 하는 장르 특성상의 한계도 있을 것이고, 흥미진진한 이야기보다는 춤 자체가 돋보여야 하기 때문인 것도 있다. 〈호두까기 인형〉은 그러한 발레 작품 중에서도 내용이 단순한 편이다. 아니, 사실 내용이라고 할 만한 게 특별히 없다고 봐도 될 정도다.

이야기의 시작은 크리스마스 이브 저녁. 주인공인 마리는 크리스마스 선물로 받은 호두까기 인형을 소중히 여기지만, 장난꾸러기 오빠 프리츠 때문에 인형이 망가져버린다. 마리는 속상해하며 다친 인형에 붕대를 감싸준 후 잠들고, 이후의 이야기는 모두 마리의 꿈. 쥐 떼들의 습격으로

부터 마리를 지키기 위해 싸우다 위험에 빠진 호두까기 인형을 마리가 구해낸다. 마리의 도움으로 전투에서 승리한 호두까기 인형은 멋진 왕자님이 되어 마리를 데리고 과자 나라로 향하고, 그곳에서 두 사람의 승리를 축하하는 춤 공연을 함께 감상한다. 사랑에 빠진 호두까기 왕자와 마리도 행복하게 춤을 춘다. 이렇게 꿈은 끝이 나고, 다음 날인 크리스마스 당일 아침에 마리는 잠에서 깨어난다. 지난밤 꿈속에서 모험을 함께한 호두까기 인형을 꼭 안아주며 극은 끝난다. 말하자면 전부 어린 마리의 꿈 이야기이며, 그 이야기조차 소녀의 꿈답게 과자 인형들의 춤이 절반이다.

이렇듯 줄거리는 유아적인 상상에 가깝지만, 발레 작품으로는 그런 점이 오히려 매력이기도 하다. 예쁘고 화려하고 깜찍한 것만 잔뜩 보고 싶다면 이만한 게 없고, 크리스마스의 행복을 이만큼 잘 풀어낸 작품도 없다. 춤도 의상도 무대 소품도 모두 밝고 귀여워, 어린아이들과 함께하기에도 좋은 작품이다. '사탕 요정의 춤'이나 '갈잎피리의 춤' 등, 광고 음악으로 여러 차례 사용되어 귀에 익숙한 곡도 많다. 크리스마스를 배경으로 펼쳐지는 환상의 세계, 〈호두까기 인형〉은 바로 이러한 이유 때문에 전 세계 발레단에서 매년 12월이면 내놓는 레퍼토리가 되었고, 〈백조의 호수〉와 함께 클래식 발레를 대표하는 작품으로 널리 사랑받고 있다.

공연 시작 전, 객석에 앉아 들뜬 표정으로 입장하는 다른 관객들의 얼굴을 본다. 잠시 후, 장내가 어두워지고 막이 열린다. 현악기가 이끌어가는 첫 곡이 흐르고 무대 위에서는 두꺼운 외투를 입은 손님들이 손에 등불을 들고 마리네 집으로 하나둘씩 모여든다. 몇 번을 봤는데도 설레는 순간이다.

1막의 대미는 '눈송이 왈츠'. 쥐 떼를 물리친 호두까기 왕자와 마리가 별빛 가득한 겨울밤에 눈송이 요정들의 축하를 받으며 과자 나라로 떠나는 장면이다. 하얀 옷을 입은 요정들이 합창 곡에 맞춰 군무를 선보이고 하늘에서는 눈송이가 끝없이 내려온다. 새하얀 눈으로 가득한 무대는 겨울이라는 계절이 얼마나 아름다운지 관객들에게 보여준다.

이어지는 2막의 대부분은 디베르티스망Divertissement이다. 작품 내용의 전개와는 크게 상관없이 춤과 기교를 보여주기 위한 부분을 의미하는데, 발레 작품에서 가장 장식성이 두드러지는 파트다. 다채로운 볼거리가 되어주기도 하지만, 별 이유 없이 계속해서 춤만 추기 때문에 지루해하는 사람도 물론 많다. 2막에서는 이런저런 요정들이 차례로 등장해 춤을 추며 디베르티스망을 길게 이어가는데, 그 중 하이라이트는 '꽃의 왈츠'다. 1막의 '눈송이 왈츠'처럼 많은 수의 무용수들이 등장해 군무를 보여준다. '눈송이 왈츠'가 겨울이었다면, '꽃의 왈츠'는 봄. 분홍색 꽃잎 의상을 입은 발레리나들이 밝고 포근한 음악과 함께 짝을 맞춰 춤을 추고, 길게 이어지는 음악은 주인공 두 명의 낭만적인 그랑 파드되Grand Pas de Deux로 마무리된다.

매년 한국에서 이 작품을 봐왔던 나로서는, 젬퍼 오페라하우스 발레단만의 소품이나 캐릭터 표현을 살펴보는 것도 소소한 재미였다. 특히 2막에서 과자 나라의 무대 배경을 츠빙거로 그렸는데, 기둥과 아치는 롤리팝 사탕으로, 상단의 장식들은 푸딩과 케이크로 바꿔 '드레스덴의 과자 나라'를 귀엽게 표현해낸 점이 인상적이었다.

인물에 대해 이야기해보자면, 보는 내내 자꾸만 눈길이 갔던 배역은 단연 마리. 주인공이라서가 아니라 배역을 너무나 사랑스럽게 표현했기 때문인데, 춤추는 내내 행복을 100%로 만끽하는 듯한 모습이었다. 특히 2부에서 호두까기 왕자와 함께 파드되를 출 때에 보여준 설렘 가득한 표정은 마치 첫사랑에 빠진 줄리엣을 보는 듯한 착각이 들 정도였다. 덕분에 관람객인 나에게도 그 두근거림이 전달되어 달콤한 기분으로 과자 나라 손님이 될 수 있었는데, 그 이유는 금방 알게 되었다. 막이 내린 후 젬퍼 오페라하우스 웹사이트에서 확인해 보니, 이 공연이 바로 마리 역을 맡은 발레리나의 주연 데뷔 무대였던 것. 내가 방금 관람한 작품이 누군가에게는 얼마나 많은 설렘이 담긴 순간이었을지 생각해 본다. 마리의 꿈 이야기를 보러 갔는데, 누군가의 꿈이 이루어지는 순간을 함께 하게 된 소중한 경험. 이것 또한 나에게는 크리스마스 선물이 아닐 수 없다.

말랑말랑 녹아내린 마음으로 공연장을 나왔다. 버터로 만든 하리보가 된 기분. 4시밖에 되지 않았지만 벌써 날은 어둑하다. 하지만 아직 크리스마스는 끝나지 않았다. 예쁜 것들을 눈에 잔뜩 담고 나서 또 다른 예쁜 것들을 보기 위해 길을 나섰다. 드레스덴이 자랑하는 궁정 예술품 박물관인 드레스덴 레지덴츠 궁전Residenzschloss으로 향했다.

Schloss에서 유추할 수 있듯이, 이곳 역시 작센의 통치자들이 거주하던 궁전이었다. 18세기에 대화재로 소실된 것을 아우구스투스 2세가 재건하였고, 2차 대전 공습으로 또 한 번 파괴된 것을 복원하여 2013년에야 다시 문을 열게 되었다. 그리고 그 파괴의 흔적은 전시관 내부에서 바로 확인할 수 있다. 이곳의 주요 전시품은 왕가가 소장했던 사치품인데, 폭격으로 인해 망가지거나 불에 타 그을린 보물들이 많다. 그럼에도 불구하고 관람하는 재미는 충분하다. 전시관 내부를 가득 채운 수천 점의 경이로운 사치품들이 과거의 영광스러운 시절을 이야기하고 있기 때문. 한국어

를 지원하는 오디오 가이드도 준비되어 있어, 상세한 배경 설명과 주요 관람 포인트도 놓치지 않고 들을 수 있다.

전시 작품과 내부 공간은 그야말로 화려하다. 식기와 장신구에 값진 보석을 잔뜩 박아 온갖 정성을 들여 세공했고, 어디까지 세밀하게 작업할 수 있나 시험하듯 얇디얇게 제작된 고리와 금속 판은 스치기라도 하면 부서질 것 같다. 왕과 그 가족들이 사용하던 방이었을 전시관 내부 역시 구석구석 장식을 새기고 그림을 그려 왕가의 부유함을 과시하고 있다. 평범한 사람인 나로서는 '사용하지도 않을 물건에 이렇게까지 공을 들여 장식한다고?' 하는 생각이 문득 들지만, 이곳에 전시된 물품이 갖는 그 자체로서의 아름다움에 '이렇게까지'가 더해져 바로 '보물'이 된다는 점.

관람을 마치고 전시관 밖으로 나오니, 시간은 어느덧 조금 늦은 저녁. 거리는 벌써 어둠으로 덮여가고 있었고, 우리는 식사를 하기 위해 성모 교회 인근의 호프브로이Hofbräu zur Frauenkirche로 향했다. 뮌헨München의 국영 양조장 맥주와 함께 독일식 족발인 슈바인스학세Schweinshaxe를 맛볼 수 있는 곳이다. 뮌헨이 바이에른주의 주도고 슈바인스학세 역시 바이에른 전통 요리니, 마지막 저녁 식사는 의도치 않았지만 완벽한 바이에른식이다. 내일은 아침에 일어나 공항에 가야 하니 맥주는 생략. 사실 친구도 나도 원래 술을 별로 즐기지 않아서, 독일 여행 내내 마신 술이라고는 글뤼바인 한 잔뿐이기도 하다. 대신 학세는 맛있

게 잘 먹었다. 둘이서 한 덩이를 다 먹을 수는 없었지만 기름진 고기가 촉촉하게 잘 구워져 훌륭한 맛이었다. 먹고 나서도 한참을 앉아있다가 늦은 밤이 되어서야 자리에서 일어났다.

마지막 날의 마지막 일정은 여행 내내 거의 매일 마주친 성모 교회. 오늘은 드디어 내부로 입장한다. 이곳에서 성탄을 기념하는 파이프오르간 연주를 감상하기로 했다. 성모 교회에서는 거의 매일 예배와 함께하는 무료 공연이 열리지만, 예약을 따로 받지 않기 때문에 감상하려면 교회 앞에서 1시간 정도 줄을 서서 기다려야 한다. 대기 줄이 싫은 나의 선택은 유료 공연 티켓팅. 교회 공연이라 가격도 저렴하고 대기할 필요도 없다. 유료 공연이기 때문에 조금 더 나은 프로그램도 기대해 볼 수 있다. 무엇보다 크리스마스 밤에 교회에서 듣는 파이프오르간 연주라니, 낭만적이지 않은가.

조용한 밤. 거리에는 미지근한 바람이 불어온다. 예매하기를 잘했다고 생각하며, 구시장 광장 근처에 있는 성모 교회로 향한다. 요 며칠 드레스덴 시내를 돌아다니면서 광장

주변을 계속 오갔더니, 길치인 나도 이제 이 정도는 구글 지도 없이 찾아갈 수 있다. 낯설었던 드레스덴이 어느새 편해졌다는 건, 이제 떠날 시간이 가까워졌다는 뜻. 나를 아는 사람이라곤 내 옆의 친구 한 명 밖에 없는 이 낯선 도시에서, 처음 보는 장소들을 하나하나 알아가며 조금씩 영역을 넓혀가는 재미. 해야 할 일도 고민도 다 내려놓고, 이 책처럼 이렇게 두서없이 아무렇게나 쏟아지는 이상한 생각들을 하나하나 건져보는 무용한 시간. 더없이 여행다운 여행이었다.

입구에서 티켓을 확인한 후, 성큼성큼 걸어 제일 앞줄로 나아갔다. 이번 여행을 위한 준비가 약간 과했던 나는, 발레도 파이프오르간 연주도 거의 제일 먼저 예매했기 때문. 이 교회는 제단과 파이프오르간이 멋지다고 하여, 최대한 가까이에서 보고자 했다. 이번 선택도 성공이다. 며칠 전 가톨릭 궁정 대성당에서 봤던 파이프오르간도 장식이 꽤 많다고 생각했는데, 그것과는 비교할 수 없을 만큼 호화로운 오르간이다. 사실 하단부는 오르간이 아니라 제단인데, 상단의 오르간과 이어지도록 디자인되어 있어, 경이로운 조각 작품이 합쳐진 거대한 악기가 되었다. 연주를 듣는 내

내 섬세한 조각 장식을 하나하나 감상하며 모처럼 고요한 시간을 보냈다.

오르간 이야기를 조금 더 하자면, 이 교회에 원래 있던 오르간은 18세기경 활동했던 독일의 유명 오르간 제작자 고트프리트 질버만의 작품이다. 음악의 아버지라는 별명으로 잘 알려진 바흐가 그 오르간을 연주했다고 한다. 하지만 2차 대전 당시 폭격으로 교회가 전소된 후 재건축하는 과정에서 원래의 오르간을 복원하지는 못했고 다른 것으로 대체하였기에, 아쉽게도 바흐가 연주했다던 오르간은 이제는 볼 수 없다. 참고로 가톨릭 궁정 대성당의 오르간도 질버만이 제작한 것인데, 이쪽은 질버만의 작품이 현재까지 잘 보존되어 오고 있다.

오르간을 더욱 아름답게 하는 것은 그 아래 제단부의 조각이다. 성경의 한 장면을 담았다. 그리스도가 로마 병사들에게 체포되기 전, 십자가의 고난이 임박하였음을 예견하고 겟세마네 동산에서 처절하게 기도하는 장면이다. 성경의 전체 내용 중 가장 어둡다고 할 수 있는 부분인데, 제단 조각의 하늘에서는 이미 밝은 빛과 함께 금빛 날개를 단 천

사들이 그리스도를 향해 내려오고 있다. 로마 병사들은 저 멀리 흐릿하고 작게 나타내어, 다가오는 고난은 하늘의 영광 앞에 그저 사소한 것일 뿐이라고 표현하고 있다. 이러한 이야기를 잘 알지 못해도, 기독교 신자가 아니어도, 이 제단 앞에서는 모두 경건한 자세가 된다.

이 작품에는 조각이 표현하는 성경 내용뿐만 아니라, 다른 이야기가 하나 더 담겨 있다. 성모 교회가 파괴된 후, 드레스덴 시민들은 재건을 기원하며 건물 파편들을 주워 담아 각자 보관했다고 한다. 몇 십 년이 지난 후, 재건 프로젝트가 시작되자 시민들은 파편을 반납하였고, 수거된 파편들은 모두 재건에 사용되었는데, 이 제단 부분의 파편만 2천여 개가 회수되었다고 한다. 완전히 망가진 후 거의 처음부터 다시 제작한 것임에도 불구하고, 약 80%의 부품과 재료가 본래의 것이라고. 성모 교회에 대한 드레스덴 시민들의 애정을 확인할 수 있는 멋진 이야기이다.

시야를 가득히 채우는 호화로운 조각을 하나하나 살펴보며 한참 동안 오르간 연주를 감상했다. 여행의 끝자락이라 아쉬움이 크게 느껴지는 시간이 될 것이라 예상했는데 오히려 감사한 마음이다. 짐을 잃어버렸는데도 속상해하지 않고 무사히 잘 여행해서, 어떤 면에서는 나와 똑 닮았지만 또 다른 면에서는 전혀 다른 멋진 친구가 있어서, 여행 중 마주치는 모든 것에서 기쁨을 발견할 수 있어서 다행이다. 내일은 가벼운 마음으로 이 도시를 떠날 수 있을 것 같다.

하루 종일 돌아다니고 저녁 식사도 든든히 한 데다가, 한없이 차분해지는 파이프오르간 자장가까지 들었더니 잠이 쏟아진다. 완벽하게 계획된 일정을 완벽하게 달성한 하루에 마냥 뿌듯하다. 크리스마스에 크리스마스 빵을 먹고 크리스마스 마켓이 열리는 도시에서 크리스마스를 주제로 하는 공연을 두 개나 감상하다니, 정말 완벽하게 'Christmassy한 Christmas'.

드레스덴에 다시 밤이 찾아온다. 오늘 밤은 조명 불빛도 꺼진 새까만 모습. 이렇게 이번 크리스마스도 나의 여행도 막을 내린다.

FRÖHLICHE
Frauenkirche

Travel Log

TOUR

젬퍼 오페라하우스 Semperoper Dresden
Theaterplatz 2, 01067

드레스덴 레지덴츠 궁전 박물관 Residenzschloss
Taschenberg 2, 01067

성모 교회 Frauenkirche Dresden
Neumarkt, 01067

EAT

카페 베스티뷸 Café Vestibül
Kempinski Hotel Taschenbergpalais, Taschenberg 3, 01067

호프브로이 Hofbräu zur Frauenkirche
Frauenstraße 16, 01067

Vestibül

Vestibül

ORANGENSAFT

WOHNEN · SPA · APARTMENTS
HOFBRÄU ZUR FRAUENKIRCHE

HOFBRAU ZUR FRAUENKIRCHE

설렘 한 스푼, 독일 크리스마스 마켓

초판 1쇄 2023년 7월 25일
지 은 이 스텔라
펴 낸 곳 하모니북

출판등록 2018년 5월 2일 제 2018-0000-68호
이 메 일 harmony.book1@gmail.com
팩 스 02-2671-5662

ISBN 979-11-6747-120-8 03920

책값은 뒤표지에 있습니다.

이 도서의 국립중앙도서관 출판예정도서목록(CIP)은 서지정보유통지원시스템 홈페이지(http://seoji.nl.go.kr)와 국가자료공동목록시스템(http://www.nl.go.kr/kolisnet)에서 이용하실 수 있습니다.